W0197378

Susanne Rohner

Knigge

Erfolgreich
durch gutes Benehmen

DÖRFLER · VERLAG

Inhalt

Vorwort

Die guten Manieren

Stimmt es, dass man nicht »Gesundheit« sagt, wenn jemand niest? Zeugt es tatsächlich von schlechtem Stil, wenn man bei Tisch »Guten Appetit« wünscht? Und ist es etwa nicht richtig, dass die Dame bei der Begrüßung stets als Erste berücksichtigt wird? Zu solchen und ähnlichen Fragen rund um die Etikette finden Sie in diesem Buch die passenden Antworten. Denn wenn das Thema Umgangsformen zur Debatte steht, herrscht oftmals große Verwirrung. In Zeitschriften liest man dies, in der Zeitung wird genau das Gegenteil behauptet und das Internet macht die Verwirrung komplett. Die Palette reicht von Halbwahrheiten über Unwissenheit bis hin zu Behauptungen, die Sie getrost ins Reich der Märchen verbannen können.

Wer die modernen Kniggeregeln nicht kennt, wird unweigerlich in die Fettnäpfchen treten, die Alltag, Arbeitswelt und gesellschaftliches Parkett bergen. Angefangen bei der Begrüßung über den Restaurantbesuch und die elegante Feier bis hin zu den Grundregeln der Kommunikation – die Liste der Unschicklichkeiten ist lang. Deshalb ist es unumgänglich mit den wichtigsten Umgangsformen vertraut zu sein, denn nur dann können Sie sicher sein, einen guten Eindruck zu hinterlassen und in allen Lebenslagen stilsicher aufzutreten.

Berühmte Verfechter des guten Tons

Nicht nur Freiherr Adolph von Knigge hat sich mit den Umgangsformen auseinandergesetzt. Zu den namhaften Persönlichkeiten, die sich diesem Thema widmeten, gehört beispielsweise auch Erasmus von Rotterdam, der 300 Jahre vor dem Freiherrn von Knigge gelebt hat. Sein hoch geschätztes Werk »De civilitate morum puerilium«, erschienen im Jahr 1530, gehört zu den ersten Benimmbüchern des europäischen Kulturkreises. Erasmus wendet sich darin – auch wenn er sein Werk einem Fürstensohn gewidmet hat – an alle Menschen, unabhängig von ihrer gesellschaftlichen

Zugehörigkeit. So schreibt er zum Beispiel, es sei eine Schande für hochgeborene Menschen, nicht mit den Umgangsformen vertraut zu sein, die ihrer vornehmen Herkunft entsprechen, betont jedoch auch, dass Menschen geringeren Standes umso mehr danach trachten müssen, durch Umgangsformen die Nachteile wettzumachen, die ihnen das Schicksal auferlegt hat.

Als Standardwerk für gutes Benehmen hat sich von Knigges »Über den Umgang mit Menschen« etabliert, das bereits zu Lebzeiten des Autors sehr gefragt war. Viele seiner Aussagen gelten noch heute, manches ist hingegen überholt. Im Unterschied zum modernen Knigge hat das Originalbuch allerdings nicht den Anspruch einer »Anstandsfibel«, sondern versteht sich als Ratgeber für den richtigen Umgang beispielsweise »mit Leuten von verschiedenen Gemütsarten, Temperamenten und Stimmungen des Geistes und Herzens«. Im Lauf der Jahrhunderte hat sich das Werk des Freiherrn von Knigge jedoch zum unentbehrlichen Leitfaden entwickelt, wenn es um das Thema Umgangsformen geht.

Erfolgreich durch gutes Benehmen

Gute Manieren sind immer etwas anstrengender als schlechte, beide hinterlassen jedoch einen bleibenden Eindruck. Damit der Eindruck ein positiver ist, vermittelt Ihnen dieses Büchlein die elementaren Grundregeln des guten Benehmens und die wichtigsten Umgangsformen, denn Benimm ist in der Arbeitswelt ebenso gefragt wie in der Öffentlichkeit oder im Privatleben.

Ein angenehmes Miteinander erfordert Fingerspitzengefühl, Beobachtungsgabe, Höflichkeit, Rücksicht und Respekt vor dem Gegenüber. So wusste schon Freiherr von Knigge: »Wer mit Vielen umgeht, treibt einen Kleinhandel, bei dem es zwar viel zu tun, aber wenig zu erwerben gibt.« Gute Manieren zahlen sich nicht in barer Münze aus, im täglichen Miteinander sind sie jedoch Gold wert.

Susanne Rohner

Vorstellen und begrüßen

Für den ersten und entscheidenden Eindruck gibt es keine zweite Chance, deshalb sollten Sie wissen, worauf es beim Vorstellen und Begrüßen ankommt. Wer begrüßt wen zuerst? Wie lautet die korrekte Anrede? Wann ist der Handschlag angebracht? Welche Begrüßungsrituale bzw. -worte sind nicht mehr zeitgemäß?

Im privaten Umfeld
Der Gastgeber
Er stellt Sie den anderen Gästen vor, wenn Sie niemanden kennen. Sind Sie mit den übrigen Gästen bekannt, diese jedoch untereinander nicht, stellt der Gastgeber die anderen einander vor.

Das Wangenküsschen
Im privaten Umfeld setzt sich immer öfter das Wangenküsschen durch. Dabei ist zu beachten, dass man den Kuss nur andeutet. Während in südlichen Ländern wie Frankreich oder Italien links/rechts geküsst wird, ist in Deutschland eher die Variante rechts/links verbreitet. Männer sollten sich untereinander nicht mit Wangenküsschen begrüßen.

Wie verhalte ich mich, wenn ich mich zu einer Gruppe geselle, von der ich nicht alle Leute kenne?
Sie begrüßen zuerst Ihre Bekannten und stellen sich dann den anderen vor. In diesem Fall hat also die Regel »Ladies first« keine Gültigkeit.

Wie stelle ich ein Paar vor?
Nennen Sie immer Vor- und Nachnamen von Mann und Frau: »Das sind Klaus Lustig und Helga Lustig.« Das gilt auch, wenn Sie gleichgeschlechtliche Paare vorstellen. Überaus unhöflich, ja fast schon diskriminierend gegenüber der Frau wäre eine Vorstellung mit: »Das sind Klaus Lustig und seine Frau.« Vermeiden sollten Sie auch die Formulierung: »Das sind Herr und Frau Lustig.«

Im Unternehmen

Wer begrüßt wen zuerst?

Im Unternehmen erfolgt die Begrüßung vom rangniederen zum ranghöheren Mitarbeiter. Vorgesetzte wie Abteilungsleiter, die in der Hierarchie des Unternehmens höher stehen, werden also von Mitarbeitern wie der Sekretärin zuerst begrüßt.

- Der Chef wird stets als Erster gegrüßt, und zwar unabhängig davon, ob das Gegenüber einen akademischen oder Adelstitel trägt.
- Treffen gleichrangige Personen in der Firma aufeinander, grüßt der Jüngere den Älteren und der Herr die Dame.
- Verzichten Sie darauf, Ihren Chef per Handschlag zu begrüßen. Er entscheidet, ob er Ihnen die Hand reicht oder nicht.

Wie stelle ich mich den Kollegen vor?

- »Guten Tag. Ich bin Lisa Großmann, die Vertriebsleiterin.« Mit dieser Vorstellung liegen Sie richtig, denn damit erfährt Ihr Gegenüber nicht nur Ihren vollen Namen, sondern ist gleichzeitig über Ihre Funktion in der Firma informiert.
- »Mein Name ist Großmann. Lisa Großmann.« Die sogenannte Bond-Variante kommt weder als Scherz noch als ernst gemeinte Vorstellung gut an.
- »Darf ich mich vorstellen«, »Gestatten« – solche Floskeln sind überflüssig, denn was sollten Sie erwidern, wenn Ihr Gegenüber mit »nein« antworten würde. Das gilt auch, wenn Sie nicht sich vorstellen, sondern jemandem eine andere Person.

Wie antworte ich, wenn mir jemand vorgestellt wird?

Stellt Ihnen Ihr Vorgesetzter jemanden vor, beispielsweise einen Kunden, einen Gast oder seine Frau, drücken Sie Ihre Freude über das Kennenlernen aus: »Guten Tag. Ich freue mich, Sie kennenzulernen.«

Nicht mehr zeitgemäß ist eine Erwiderung mit »Habe die Ehre«. Ein kurzes »Angenehm, sehr erfreut« ist ebenfalls unangebracht, da es sich um eine unpersönliche Floskel handelt, die vermuten lassen könnte, dass man kein Interesse am Gegenüber hat.

»Mahlzeit«

Zur Mittagszeit hallt in vielen Unternehmen ein »Mahlzeit« durch die Flure, eine weitverbreitete Unsitte. Wenn Sie sich daran stören, müssen Sie den Gruß nicht erwidern, sollten allerdings aus Höflichkeit ein »Guten Tag« oder »Hallo« über die Lippen bringen.

In der Öffentlichkeit

Nicht immer wird die Dame als Erste begrüßt. Bei größeren Gruppen mit Personen unterschiedlichen Geschlechts kann die Begrüßung auch der Reihe nach erfolgen. Ausnahme: Es befindet sich nur eine Dame unter mehreren Herren, dann heißt es »Ladies first«.

Wird der Chef im Büro von der Sekretärin begrüßt, gilt das in der Öffentlichkeit nicht. Trifft man sich beispielsweise im Theater, begrüßt der Chef die Sekretärin.

Begrüßung einer Gruppe

Es gibt Situationen, in denen Sie mehrere Personen begrüßen müssen. Da stellt sich die Frage, wer wird als Erstes begrüßt. Die Antwort lautet:

- eine ältere Person vor wesentlich jüngeren
- der Vorgesetzte vor den Kollegen
- Kunden/Gäste vor den Kollegen
- ausländische Geschäftspartner vor inländischen
- Bekannte vor Personen, die man nicht kennt

Titel

Es gibt unterschiedliche Arten von Titeln: Akademische Titel, Adelstitel, Amtstitel und geistliche Titel. Wenn Sie jemanden begrüßen oder jemandem vorgestellt werden, der einen Titel trägt, hängt Ihre Erwiderung davon ab, um welchen Titel es sich handelt.

Akademische Titel

Werden Sie mit jemandem bekannt gemacht, der mehrere akademische Titel trägt, verwenden Sie in der Anrede nur den wichtigsten Titel. Der Professor Dr. Dr. wird also nur mit »Herr Professor« angesprochen.

Der Handschlag

Der Handschlag gilt als Ausdruck der Höflichkeit, wenn die Regeln der Etikette berücksichtigt werden, die damit in Verbindung stehen. Man sollte wissen, wie der Handschlag ausgeführt wird, und die Rangfolge beachten.

Ein formvollendeter Händedruck
- *darf nicht zu lang und nicht zu kurz sein.*
- *darf nicht zu fest, aber auch nicht zu locker sein.*
- *erfolgt stets im Stehen. Tragen Sie einen Sakko, achten Sie darauf, dass er korrekt geknöpft ist.*
- *erfordert Blickkontakt.*
- *heißt, die Hände niemals schütteln.*

Auf den Handschlag verzichten sollten Sie beispielsweise, wenn
- *Sie sich verspätet haben und alle bereits sitzen.*
- *Sie jemanden bei einer Tätigkeit unterbrechen würden.*
- *Sie jemandem im Hausflur oder in der Firma auf dem Gang begegnen.*
- *Sie erkältet sind.*
- *der Händedruck nicht zu den Grußgewohnheiten eines ausländischen Gastes gehört.*
- *Sie in einer großen Runde (mehr als 8 Personen) zusammentreffen. In diesem Fall sollten Sie auf die Körpersprache achten. Sie verrät, ob der Handschlag erwünscht ist.*

Es gibt körperliche Signale, die darauf aufmerksam machen, dass der Handschlag nicht erwünscht ist. Ihr Gegenüber
- *steht nicht auf.*
- *unterbricht seine Tätigkeit nicht.*
- *wendet sich Ihnen nicht zu.*
- *legt einen Gegenstand, den es in der Hand hält, nicht ab.*

Aus Gründen der Bescheidenheit sollte man sich als Akademiker nicht mit seinem Titel vorstellen.

Adelstitel
Träger von Adelstiteln werden nicht mit Herr/Frau und dem Titel angesprochen. Die korrekte Anrede lautet beispielsweise: »Guten Tag, Gräfin von Musterbach.«

Amtstitel
Träger von Amtstiteln sollten auch mit diesen angesprochen werden, zumindest im beruflichen Umfeld. Hierarchisch geht es von Bundes- über Landes- zur Lokalebene. Die korrekte Anrede lautet also zum Beispiel: Herr Minister, Herr Abgeordneter, Herr Landrat, Herr Bürgermeister.
Handelt es sich um eine weibliche Amtsperson, wird wenn möglich die weibliche Form der Anrede gewählt, beispielsweise Frau Ministerin.

Geistliche Titel
Früher war für Bischöfe die Anrede »Exzellenz« und für Kardinäle »Eminenz« verpflichtend. Heute ist auch das schlichtere »Herr Bischof« und »Herr Kardinal« möglich.

Wie begrüße ich einen adeligen Akademiker?
Wenn Ihr Gegenüber unterschiedliche Titel trägt, wird zuerst der akademische Titel ohne »Herr/Frau« genannt, dann folgt der Adelsstand ohne »von« oder »zu«. Die Begrüßung eines adeligen Professors lautet also: »Guten Tag, Professor Graf Musterbach.«

»Küss die Hand Madam«
Mit dem Handkuss begibt man sich auf ein nicht unproblematisches Terrain. Zum einen sollte man genau wissen, wie er ausgeführt wird, zum anderen muss man sich bewusst sein, dass diese Form der Begrüßung nicht überall angemessen ist.
Im Geschäftsleben ist der Handkuss nicht angebracht, auf der Straße ein absolutes Tabu. Bei gesellschaftlichen Anlässen wie einem Opernball

wird er meist geschätzt, wobei stets die Frau signalisiert, dass ein Handkuss erwünscht ist.

Theorie und Praxis

Nicht jeder ist mit der Begrüßungsetikette vertraut, deshalb werden Sie in der Praxis des Öfteren mit Situationen konfrontiert sein, in denen Sie mit Stilbrüchen der anderen umgehen müssen. Wenn Sie sich beispielsweise zu einer Gruppe gesellen, die aus Ihrem Chef, einem Kunden und Ihren Kollegen besteht, möchten Sie den Gast natürlich zuerst begrüßen. Ihr Chef streckt Ihnen jedoch als Erster die Hand entgegen. Das ist protokollarisch zwar nicht in Ordnung, ein noch schlimmerer Fauxpas wäre allerdings, die ausgestreckte Hand zu ignorieren.

Wenn Sie in eine Situation geraten, in der Sie sich nicht sicher sind, was die Etikette verlangt, sollten Sie sich an die Faustregel halten: Wer den anderen zuerst sieht, grüßt zuerst. Welchen Gruß Sie dabei wählen, hängt vom Verhältnis zu Ihrem Gegenüber ab. Nur eines geht auf keinen Fall: Aus Angst vor einem Fehler gar nicht zu grüßen.

Gut zu wissen

- Grundsätzlich grüßt der Jüngere den Älteren, der Rangniedere den Ranghöheren und der Herr die Dame.
- Beim Handschlag kehrt sich diese Reihenfolge um: Der Ältere entscheidet, ob er dem Jüngeren die Hand reicht, der Vorgesetzte ergreift die Initiative gegenüber dem Mitarbeiter und die Dame reicht dem Herrn die Hand.
- Die Regel, dass die Dame sitzenbleibt, wenn sie begrüßt wird, ist veraltet. Zumindest im Geschäftsleben erhebt sie sich ebenfalls. Damit signalisiert sie nicht nur Respekt gegenüber dem anderen, sondern auch Ebenbürtigkeit. Man begegnet sich auf Augenhöhe.
- Früher wurden unverheiratete Frauen mit Fräulein angesprochen. Heute ist dies nicht mehr zeitgemäß.
- Verzichten Sie beim Handschlag darauf, mit der linken Hand den Oberarm Ihres Gegenübers zu umfassen oder ihm die Hand auf die Schulter zu legen.

Kleidung und Accessoires

»Die Außenseite des Menschen ist das Titelblatt des Innern«, so sagt ein persisches Sprichwort. Die eigene Identität und die Stellung eines Menschen in der Gesellschaft hängen damit zusammen, wie er sich kleidet und schmückt, denn das Äußere ist ohne Frage ein Markenzeichen unseres Selbst. Um Entgleisungen bei der Wahl der Kleidung und der Accessoires zu vermeiden, ist es wichtig, zu wissen, was zu welchem Anlass passt.

Im privaten Umfeld

Das Kleiderproblem im Privatleben liegt darin, dass man oft nicht weiß, welche Garderobe angemessen ist. So kann es passieren, dass man beispielsweise zu einem Fest over- oder underdressed erscheint. Achten Sie bei der Wahl der Kleidung deshalb darauf, welcher Anlass der Einladung zugrunde liegt. Dann werden Sie zur Grillparty nicht den Smoking tragen und zur silbernen Hochzeit nicht das Poloshirt.

Wenn die Einladung keine Rückschlüsse auf die Kleidung zulässt, fragen Sie den Gastgeber, denn nichts ist peinlicher als in der falschen Garderobe zu erscheinen, wobei es keine Rolle spielt, ob Sie zu fein oder zu leger gekleidet und »behängt« sind.

Im Unternehmen

Im Geschäftsleben gibt es keinen einheitlichen Dresscode. Die passende Kleidung hängt vielmehr von der Branche, der Position im Unternehmen, den Richtlinien der Firma und von Ihrem Typ ab. Es gibt allerdings einige Regeln, die branchenübergreifend gelten.

Als Frau sollten Sie darauf achten, dass

- Ihre Schultern bedeckt sind – auch bei sommerlicher Hitze.
- Ihr Dekolleté keine zu tiefen Einblicke gewährt.
- Sie nie ohne Strümpfe/Feinstrumpfhose im Unternehmen erscheinen.
- die Schuhe (zumindest vorn) geschlossen sind.
- Sie dezente Muster wählen und Mustermischungen (beispielsweise gestreifte Bluse zum geblümten Rock) vermeiden.

Als Mann sollten Sie folgende Basics beherzigen:

- Tragen Sie Anzüge in gedeckten Farben wie Dunkelblau oder Dunkelgrau.
- Achten Sie darauf, dass Anzug, Hemd und Krawatte zusammenpassen.
- Tragen Sie zum Anzug stets ein langärmliges Hemd.
- Verzichten Sie auf Polyester- und Lederkrawatten ebenso wie auf Krawatten mit Sprüchen oder Comicmotiven.
- Ihre Socken sollten möglichst dunkel, einfarbig und ohne Muster sein. Absolut tabu sind Tennissocken.

Wie sieht das klassische Geschäftsoutfit für den Herrn aus?
Zu den wichtigsten Kriterien bei der Wahl des Anzugs gehören Passform und Material. Die Hose darf weder zu lang noch zu kurz sein, das Hemd soll die Schultern umschmeicheln, nicht einengen, und es sollte ebenso wie Jacke und Hose aus möglichst knitterfreiem Material bestehen. Das Hemd ist weiß mit Cutaway-Kragen (hoch, breit gespreizt) oder Kentkragen (mäßig gespreizt) sowie Doppelmanschetten mit Knöpfen. Die Jackenärmel müssen so lang sein, dass Manschetten und Kragen etwa 1,5 cm daraus hervorschauen. Tragen Sie ein Einstecktuch, ist darauf zu achten, dass es zur Krawatte passt, jedoch weder die gleiche Farbe noch das gleiche Design wie diese hat, und dass es nicht aus dem gleichen Stoff gefertigt ist. Wenn Sie besonders elegant wirken möchten, sollten Sie auf die Weste nicht verzichten. Bei der Wahl der Schuhe liegen Sie mit schwarzen Schnürschuhen aus Glattleder, beispielsweise Oxford, richtig. Dazu tragen Sie schwarze Strümpfe, die so lang sein müssen, dass man, auch wenn Sie sitzen, kein nacktes Bein sieht.

Je nach Branche und Firmenrichtlinien können die Anforderungen an die Geschäftskleidung etwas lockerer sein. Dann sind neben dem Anzug in gedeckten Farben auch Oliv- oder Grüntöne akzeptiert. Schwarz ist allerdings tabu und Braun wird nicht gern gesehen. Das Hemd darf neben Weiß auch eine andere, jedoch stets helle Farbe und ein dezentes Muster aufweisen. Erlaubt sind Tabkragen (eng gespreizt, Kragenschenkel mit einem per [Druck-]Knopf geschlossenen Stoffriegel verbunden) und Button-Down-Kragen (eng gespreizt, mit Knöpfen an den Kragenspitzen).

Welche Accessoires trägt der Herr im Geschäftsleben?

Auf Schmuck sollten Sie weitgehend verzichten, insbesondere wenn Sie zur Chefetage gehören. Tragen können Sie Ihren Ehering, eine elegante Uhr und schlichte Manschettenknöpfe. Die Krawattennadel ist nicht mehr zeitgemäß. Achten Sie auch darauf, dass Ihre Aktentasche zum übrigen Outfit passt. Sie sollte insbesondere mit den Schuhen harmonieren. Mit einer Aktentasche aus schwarzem Glattleder machen Sie nichts falsch.

Wie sieht das klassische Geschäftsoutfit für die Dame aus?

Was der Anzug für den Herrn, ist das Kostüm für die Dame. Auch in diesem Fall gilt: Legen Sie Wert auf Qualität und Passform. Das klassische dunkle Kostüm wird mit einer hellen, eleganten Bluse kombiniert, die mindestens die Oberarme bedeckt. Der Rock ist so lang, dass er die Knie umspielt, wobei ältere Frauen darauf achten sollten, dass der Rock maximal eine Handbreit unter dem Knie endet. Bei jüngeren Frauen ist eine Handbreit über dem Knie zulässig. Zum Kostüm gehören hautfarbene Feinstrumpfhosen und (nicht zu hohe) Pumps. Wenn Sie sich in einem Kostüm nicht be-, sondern verkleidet vorkommen, können Sie auch einen schicken Hosenanzug tragen.

Herrscht im Unternehmen ein weniger strenger Dresscode haben Sie hinsichtlich Material, Muster und Farbe sowie Kombinationsmöglichkeiten mehr Spielraum. In diesem Fall liegen Sie auch mit Bluse und sportlicher Jacke, mit Hose und Blazer oder mit Rock und Blazer richtig.

Welche Accessoires trägt die Dame im Geschäftsleben?

Frauen dürfen etwas mehr Schmuck tragen als Männer. Übertreiben sollten Sie es jedoch nicht. Als Faustregel gilt: Kette, Ohrringe (wobei Sie auf Creolen verzichten sollten), Brosche und maximal drei Ringe, verteilt auf beide Hände. Achten Sie darauf, dass Design und Material der Stücke harmonieren, und bedenken Sie, dass auch Gürtelschnallen, Knöpfe und Schmuckelemente an den Schuhen Zierrat bilden, der zur Gesamterscheinung passen muss.

Die Handtasche für die Firma muss ebenfalls auf Ihr gesamtes Outfit abgestimmt sein. Sie sollte sachlich, ohne üppige Verzierungen gehalten und so groß sein, dass die Utensilien des Tages darin Platz finden, ohne die Tasche auszubeulen.

Was bedeutet Casual Friday?
Der Begriff steht für die amerikanische Sitte, am Freitag etwas lockerer gekleidet in der Firma zu erscheinen. Für den Herrn bedeutet das, dass er am Freitag den Anzug gegen eine legere Kombination tauschen und auf die Krawatte verzichten darf. Die Dame trägt statt des Kostüms ein elegantes Twinset mit Rock oder Hose. Wer am »legeren Freitag« Kontakt mit Kunden hat, sollte jedoch bei Anzug bzw. Kostüm bleiben.

Absolut tabu ist Freizeitkleidung: T-Shirt, Flipflops und Jeans sind auch am Casual Friday nicht salonfähig.

Bringen wir doch ein wenig Farbe ins Spiel
Es gibt zwar keinen verbindlichen Kleidungsstil für sämtliche Branchen, doch eines hat stets Gültigkeit: Niemals ist Businesskleidung farbenfroh.

In der Öffentlichkeit

Besondere Anlässe erfordern besondere Kleidung. Die Palette reicht beim Herrn vom dunklen Anzug über den Cutaway oder Stresemann, bis zum Smoking, Dinnerjacket oder Frack.

Die Dame hat die Qual der Wahl zwischen Kostüm, Etuikleid, kleinem Abendkleid (Cocktailkleid, kleines Schwarzes) und großem Abendkleid (Ballkleid). Der Anlass bzw. der Kleidervermerk der Einladung bestimmt, was Sie zu welcher Gelegenheit tragen. Achten Sie als Paar darauf, dass Ihre Garderobe harmoniert.

Cutaway und Stresemann
Der Cutaway, kurz Cut, ist der große Gesellschaftsanzug für den Tag (bis 17 Uhr). Er besteht aus: einreihiger grauer Jacke (die stets offen bleibt) mit Schwalbenschwanz, weißem Hemd (Kragenhemd mit silbergrauer Seidenkrawatte oder Kläppchenkragen mit grauem Plastron), schwarzgrau gestreifter Stresemannhose, silbergrauer Weste, weißem oder silbergrauem Einstecktuch und schwarzen Schuhen (Klassiker: Oxford).

Die schlimmsten Kleiderverstöße

Unabhängig von der geltenden Mode gibt es allgemeine Kleidersünden, die man vermeiden sollte.

Tabu sind für beide Geschlechter
* *ungebügelte oder ausgebeulte Kleidung.*
* *fehlende Knöpfe, kaputte Reißverschlüsse, geplatzte Nähte.*
* *verschmutzte oder zerschlissene Schuhe sowie abgetretene Absätze.*
* *bunte oder weiße Socken/Strümpfe.*

Zu den Fauxpas, die Sie als Frau vermeiden sollten, gehören
* *Leggins, Radlerhosen, Hosenröcke.*
* *zu kurze, zu eng anliegende oder durchsichtige Kleidung.*
* *weit ausgeschnittene Dekolletés oder ein langes Festtagskleid am Tag.*
* *ärmellose Blusen, Tops und Spaghettiträger ohne Jacke.*
* *Anzug mit Hemd und Krawatte.*
* *billig wirkende Accessoires wie Modeschmuck aus Strass.*

Wenn Sie als Mann in Sachen Kleidung nichts falsch machen möchten, sollten Sie darauf verzichten:
* *Krawatte: zum Smoking, zum kurzärmligen Hemd, mit Gummiband, offener Hemdkragen unter der Krawatte, zu kurze, zu lange oder nachlässig gebundene Krawatte.*
* *Anzug: helle oder braune Schuhe zum dunklen Anzug, dunkler Anzug ohne Krawatte.*
* *Hemd: schwarzes oder dunkelblaues Hemd mit Krawatte, kurzärmliges Hemd unter der Jacke.*
* *hochgekrempelte Ärmel.*
* *Hosenträger, die man sieht.*
* *Hose mit Gürtelschlaufen, denen der Gürtel fehlt.*

Im Unterschied zum Cut ist das Jackett des Stresemanns schwarz oder marengo und hat keinen Schwalbenschwanz.

Cut und Stresemann werden insbesondere bei kirchlichen Trauungen oder bei hochoffiziellen Trauerfeierlichkeiten getragen.

Die Kleidung der Begleiterin wird entsprechend dem Anlass das Brautkleid oder ein schwarzes, langärmliges Kleid oder ein Kostüm sein.

Dunkler Anzug

Finden Sie auf einer Einladung den Vermerk »dunkler Anzug«, wird ein eleganter Anzug in Dunkelblau bis Anthrazit erwartet. Das Jackett ist einreihig, das langärmlige Hemd weiß (allenfalls sehr hell) und die Krawatte dezent gemustert. Dazu trägt man schwarze Seidenkniestrümpfe und schlichte schwarze Glattleder-Schnürschuhe. Das Einstecktuch muss zu Hemd und Krawatte passen.

Anlässe, bei denen der dunkle Anzug getragen wird, sind beispielsweise Firmenjubiläen, private Feste wie runde Geburtstage, Hochzeiten oder Taufen sowie Konzertabende und Theateraufführungen.

Das weibliche Pendant zum dunklen Anzug ist ein kurzes Kleid wie das kleine Schwarze (das nicht unbedingt schwarz sein muss), ein elegantes Jackenkleid, ein Kostüm oder ein Etuikleid mit Jacke.

Smoking

Der Smoking wird bei festlichen Abendveranstaltungen (Oper, Festspiele) getragen und besteht aus ein- oder zweireihiger Jacke, Weste, Hose und (von Hand gebundener) Seidenschleife in Schwarz oder Nachtblau. Hemd und Leineneinstecktuch sind weiß, die Schuhe schwarz.

Die Dame hat die Wahl zwischen großem und kleinem Abendkleid. Entscheidet sie sich für das kleine, liegt sie mit einem kurzen Cocktailkleid richtig, das gern dekolletiert sein darf. Auch mit dem kleinen Schwarzen machen Sie nichts falsch.

Dinnerjacket

Beim Dinnerjacket handelt es sich nicht um eine Jacke, sondern um den kleinen Gesellschaftsanzug. Er kommt in den Sommermonaten – streng genommen in jenen ohne »r«, also zwischen Mai und August – bei festlichen Abendveranstaltungen (Gartenfest oder feierliche Veranstaltungen während einer Seereise) zum Einsatz. Ebenso wie der Smoking wird das Dinnerjacket nicht vor 19 Uhr getragen.

Als Begleiterin wählen Sie zum Dinnerjacket das kleine Abendkleid (kurzes Cocktailkleid), wobei darauf zu achten ist, dass nackte Beine auch im Hochsommer tabu sind.

Frack
Der Frack ist auch als großer Gesellschaftsanzug bekannt. Er wird grundsätzlich nur am Abend (nicht vor 19 Uhr) zu höchst festlichen Anlässen wie einem Opernball getragen. Er besteht aus schwarzer Hose, schwarzem Jackett (das nicht zugeknöpft wird), weißer Weste, weißem Hemd

Jacketts richtig knöpfen

Wann und wie das Jackett zu- oder aufgeknöpft wird, hängt zum einen von der Art der Jacke ab, zum anderen von der Anzahl der Knöpfe.

- *Einreiher: Grundsätzlich werden Einreiher beim Sitzen geöffnet und beim Aufstehen geschlossen. Dabei ist zu beachten, dass bei Jacketts mit fünf Knöpfen alle mit Ausnahme des untersten geschlossen werden. Bei einem Sakko mit vier Knöpfen können die zwei mittleren oder die drei oberen geschlossen werden. Bei drei Knöpfen wird entweder nur der mittlere geschlossen (konservativ) oder man schließt den oberen und den mittleren (modern). Hat das Jackett nur zwei Knöpfe, bleibt es Ihnen überlassen, welchen von beiden Sie schließen.*
- *Zweireiher (Doppelreiher): Beim Zweireiher bleiben stets alle Knöpfe geschlossen – auch im Sitzen.*
- *Dreiteiler: Beim Dreiteiler ist das Jackett ebenfalls immer geschlossen. Das gilt auch für die Weste, bei der allerdings der unterste Knopf offen bleibt.*

und weißer Schleife. Obligatorisch sind außerdem ein weißes Leinen-einstecktuch, schwarze Seidenkniestrümpfe und schlichte schwarze Lack-schuhe ohne Schnürung.

Als Begleiterin tragen Sie das große Abendkleid (bodenlang und dekol-letiert) und ein Handtäschchen.

Welche Kleidung ist für eine Trauerfeier angemessen?
Traditionsgemäß geht man zu Beerdigungen in Schwarz. Je näher Sie dem Verstorbenen stehen, desto strenger sollten Sie sich daran halten. Freunde und Bekannte dürfen auch dunkelblaue oder dunkelgraue Kleidung tra-gen.

Als Mann sind Sie mit einem schwarzen oder dunklen Anzug samt da-zugehöriger schwarzer bzw. dunkler Krawatte, einem weißen Hemd und schwarzen Socken richtig gekleidet. Wenn Sie sich im Anzug nicht wohl-fühlen, können Sie sich auch für eine andere dunkle Garderobe entschei-den, beispielsweise eine schwarze Stoffhose in Kombination mit einem anthrazitfarbenen Pullover.

Als Frau sollten Sie darauf achten, zur Beerdigung keine freizügige oder aufreizende Kleidung zu tragen. Mit einem knielangen schwarzen oder dunklen Kostüm, einem ebensolchen langärmligen Kleid oder einem dunklen Hosenanzug sowie schwarzer oder dunkler Feinstrumpfhose lie-gen Sie richtig. Die Trauerkleidung darf durch eine weiße Bluse und ein schwarzweißes Tuch ein wenig aufgelockert werden, wenn Sie nicht zum engsten Familienkreis gehören.

Kinder müssen nicht in Schwarz gekleidet sein, gedeckte Farben sind je-doch angebracht.

Wie sieht es mit Accessoires bei einer Trauerfeier aus?
Für Accessoires gilt das Gleiche wie für die Kleidung: Ein grellgrüner Schirm, eine leuchtend rote Handtasche oder auffälliger Schmuck sind bei einer Beerdigung fehl am Platz. Es muss nicht alles in Schwarz gehalten sein, doch sollten Sie auch bei den Accessoires auf dezente, dunkle Farben achten. Parfüm und Make-up sollten unaufdringlich sein und wohldosiert zum Einsatz kommen.

Kleidervermerke

Wenn in einer Einladung ein Kleidervermerk angegeben ist, handelt es sich nicht um eine Bitte, sondern um ein Anliegen, das respektiert werden muss. Damit drückt man nicht nur Wertschätzung gegenüber dem Gastgeber aus, sondern vermeidet auch, zu leger oder zu vornehm gekleidet zu sein. Manche Vermerke sind allerdings nicht leicht zu deuten, wie etwa »Abendgarderobe« oder »sportlich elegant«.

Viele Fauxpas, insbesondere wenn der Kleidervermerk schwer zu entschlüsseln ist oder keine Angaben zur Garderobe vermerkt sind, lassen sich mit wenigen Überlegungen vermeiden:

- Um welches Ereignis handelt es sich? Beruflich, privat, öffentlich?
- Lassen sich aus der Einladung Rückschlüsse auf den Personenkreis ziehen?
- Habe ich eine bestimmte Rolle zu erfüllen?

Grundsätzlich gilt: Sind Sie sich unsicher, was Sie tragen sollen, fragen Sie beim Gastgeber nach.

Was bedeutet »Black tie« oder »White tie«?
Mit diesen Begriffen ist nicht die Krawatte gemeint. Als Black tie (auch Cravate noire oder Gesellschaftsanzug) wird der Smoking bezeichnet, als White tie (auch Cravate blanche oder großer Gesellschaftsanzug) der Frack. Für die Dame bedeutet das: Black tie fordert ein kurzes oder langes Kleid, White tie das große Abendkleid (Ballkleid).

Was ist mit »business casual« und »smart casual« gemeint?
Bei der Interpretation dieser Begriffe ist die Fettnäpfchen-Gefahr besonders hoch, denn das englische »casual«, »zwanglos, leger« bedeutet nicht, dass Sie in Sandalen, Tennissocken oder Leggins ausgehen dürfen.

- Business casual: Vom Herrn wird ein farbiges Oberhemd, ein feiner Strickpullover oder ein Polohemd in Kombination mit Cord- oder Stoffhose erwartet. Die Krawatte darf im Schrank bleiben. Die Dame sollte Bluse und Stoffhose tragen.
- Smart casual: »smart« bedeutet »schick, flott«, das heißt, der Herr darf einen eleganten, jedoch hochwertigen und tadellos sitzenden Anzug

tragen. Auf die Krawatte kann er verzichten, ein langärmliges Hemd ist dagegen Pflicht. Die Dame ist mit einem femininen Kleid oder einer Kombination aus Rock, Bluse und Jäckchen gut beraten.

Gut zu wissen

- Das gesamte Erscheinungsbild wird nicht nur von der Kleidung geprägt, sondern auch von passenden Accessoires wie Handtasche, Gürtel oder Schmuck.
- Kleiden Sie sich im Unternehmen so, dass Tattoos und Piercings nicht zu sehen sind.
- Verzichten Sie als Mann, insbesondere bei offiziellen Veranstaltungen und in der Firma, auf das Tragen von Ohrringen, Goldketten, Panzerarmkettchen und Handgelenktaschen.
- Im Geschäftsleben wird Wert auf Qualität gelegt, das gilt nicht nur für Kleidung und Accessoires, sondern auch für das Equipment (Handy, Laptop) und das Schreibmaterial (Füllfederhalter, hochwertiger Kugelschreiber).
- Als Frau müssen Sie sich in der Firma nicht zwischen Handtasche und Aktenkoffer entscheiden. Erlaubt ist beides.
- Tragen Sie als Frau bei festlichen Abendveranstaltungen keine Armbanduhr, denn Zeit spielt in diesem Fall für die Dame keine Rolle.
- In der Freizeit mögen Jeans und Blazer inzwischen akzeptiert sein, im Geschäftsleben oder bei gesellschaftlichen Ereignissen gilt das jedoch nicht, dort hat die Jeans – egal in welcher Kombination – nichts zu suchen.
- Eine Fliege zum Cut ist absolut tabu.
- Bei Hochzeiten ist der graue Cut dem Bräutigam vorbehalten. Es spricht jedoch nichts dagegen, dass Sie einen schwarzen wählen.
- Zu Frack oder Smoking wird keine Armbanduhr getragen, sondern eine Taschenuhr.
- Die Schleife zum Frack ist niemals schwarz, außer es handelt sich um Berufskleidung (beispielsweise Kellner).
- Der dunkle Anzug ist nicht schwarz. Diese Farbe ist Trauerfeiern und akademischen Ehrungen vorbehalten.

Im Privatleben

Im Privatleben spielt gutes Benehmen eine genauso wichtige Rolle wie in der Arbeitswelt und in der Öffentlichkeit. Höflichkeit hat nichts mit Heuchelei zu tun, sondern mit gegenseitigem Respekt und den bekundet man mit einer gepflegten Erscheinung ebenso wie mit Aufrichtigkeit oder der Bereitschaft, einen Fehler einzugestehen.

Eine gepflegte Erscheinung

Auch wenn der Dreitagebart viele männliche Fotomodelle ziert, gesellschaftsfähig ist er nicht. Auch wenn Mannequins mit durchscheinenden Blusen und tiefen Dekolletés die Aufmerksamkeit auf sich ziehen, ein kultiviertes Aussehen charakterisiert das nicht.

Zu einer gepflegten Erscheinung gehören vielmehr

- saubere, geschnittene und gefeilte Finger- und Fußnägel.
- gekämmte, gewaschene Haare und eine ordentliche Frisur.
- der zurückhaltende Einsatz von Schmuck.
- dezentes Parfüm, Deo und Rasierwasser.
- ein gepflegter, sorgfältig gestutzter Bart.
- saubere, gebügelte und gut sitzende Kleidung.
- geputzte, nicht abgetretene Schuhe.

Mund- und Körpergeruch

Nicht immer entsteht Mund- oder Körpergeruch durch mangelnde Hygiene. Manche Menschen neigen stärker zum Transpirieren als andere und Mundgeruch kann körperliche Ursachen haben. Mit regelmäßigem Duschen, sauberer Kleidung und einem guten Deo lässt sich viel erreichen und gegen Mundgeruch hilft Pfefferminze, der Verzicht auf den Verzehr von Knoblauch, Zwiebeln und Fisch sowie regelmäßiges Zähneputzen.

Ehrlich sein, höflich bleiben

Manchmal ist es schwierig, aufrichtig zu sein, ohne sein Gegenüber zu verletzen. Deshalb sollten Sie sich überlegen wie und ob Sie jemandem die ungeschminkte Wahrheit sagen und wie Sie mit verbalen Angriffen auf die eigene Person umgehen. Am besten halten Sie sich an das Motto: Der Ton macht die Musik. Mit klaren Aussagen, die Sie freundlich vorbringen, erreichen Sie mehr als mit verletzenden Worten oder Beschimpfungen.

- Sprechen Sie Dinge an, die sie stören, ohne beleidigend zu werden.
- Versuchen Sie, stets aufrichtig zu sein, ohne zu verletzen.
- Machen Sie nur ehrlich gemeinte Komplimente.
- Körperliche Makel sind als Gesprächsthema tabu.
- Verzichten Sie auf Klatsch und Tratsch und behandeln Sie vertrauliche Mitteilungen auch so.
- Manchmal ist es besser, zu schweigen, zu lächeln oder mit Humor zu reagieren, das zeugt von Taktgefühl und Toleranz.

»Da hab ich wohl was falsch gemacht«

Niemand ist davor gefeit, einen Fehler zu begehen. Die Frage ist nur: Wie geht man damit um? Die Antwort ist einfach: Man gibt ihn zu. Das ist kein Zeichen von Schwäche, sondern von Stärke und Selbstbewusstsein, denn mit einer Entschuldigung lässt sich vieles wieder ins Lot bringen. Außerdem zollt man damit dem anderen Respekt und zeigt ihm, dass man an einer harmonischen Beziehung interessiert ist. Bleibt hingegen eine Entschuldigung aus, kann das fatale Auswirkungen auf eine Freundschaft oder Bekanntschaft haben.

Bei kleineren Ungeschicklichkeiten, wie jemandem die Tür vor der Nase zufallen zu lassen, jemanden anzurempeln oder nicht zu grüßen, entschuldigen Sie sich sofort mit wenigen Worten und einem Lächeln. Geringfügige Meinungsverschiedenheiten unter Freunden können oft mit einem Telefonat aus der Welt geschafft werden, größere Fauxpas sollten schriftlich oder im persönlichen Gespräch geklärt werden. Die Schriftform hat den Vorteil, dass Sie sich in Ruhe Gedanken darüber machen können, welche Worte Sie wählen. Schreiben Sie die Entschuldigung von Hand, das ist persönlicher als ein Brief, den Sie am Computer tippen.

Entschuldigen Sie sich stets zeitnah und nicht erst ein paar Tagen später. Welche Form der Entschuldigung Sie auch immer wählen, Sie sollten es ehrlich meinen und das auch ausdrücken, ohne unterwürfig zu klingen.

Bei schwerwiegenden Verfehlungen erklären Sie außerdem, weshalb es dazu gekommen ist und versichern, dass so etwas nicht mehr passieren wird. Daran müssen Sie sich dann auch halten, um nicht unglaubwürdig zu werden.

Nein sagen

Manchen Menschen fällt das nicht schwer, viele fürchten allerdings, den anderen vor den Kopf zu stoßen, wenn sie ihm etwas abschlagen. Man kann jedoch nicht immer allen alles recht machen, deshalb muss man lernen, Nein zu sagen. Es kommt natürlich immer auf die Situation an. So werden Sie in einem Notfall helfen und das Neinsagen nicht einsetzen, um Macht auszuüben, also nicht gemäß dem Motto handeln: Der soll nur sehen, dass er ohne mich aufgeschmissen ist.

Wenn Sie Nein sagen
- bleiben Sie höflich, aber bestimmt.
- entschuldigen Sie sich nicht und suchen nicht nach einer Ausrede.
- werden Sie weder schroff noch schnippisch.

»Es kann der Frömmste nicht in Frieden leben …

…, wenn es dem bösen Nachbarn nicht gefällt«, und das ist leider nur allzu häufig der Fall. Streitigkeiten in der Nachbarschaft können das Leben so schwer machen, dass man sich gezwungen sieht, umzuziehen oder vor Gericht zu gehen. Dabei profitieren alle von einer guten Nachbarschaft. Man kümmert sich beispielsweise um die Blumen und holt die Post aus dem Briefkasten, wenn der Nachbar im Urlaub ist, oder man nimmt sich Zeit für ein Schwätzchen.

Viel Ärger lässt sich vermeiden, wenn Sie sich Ihr neues nachbarschaftliches Umfeld ansehen, bevor Sie eine Wohnung oder ein Haus beziehen – ein pensioniertes Ehepaar hat natürlicherweise andere Aktiv- und Ruhezeiten als eine Familie mit (kleinen) Kindern.

Wie lerne ich meine Nachbarn kennen?
Ganz einfach: Klingeln Sie kurz nach Ihrem Einzug bei Ihren unmittelbaren Nachbarn und stellen Sie sich vor oder laden Sie Ihre Nachbarn zu einem

Kennenlern-Umtrunk ein. Ergibt sich der erste Kontakt im Treppenhaus, stellen Sie sich vor und erwähnen, dass Sie vor kurzem eingezogen sind. Begegnen Sie einem neuen Nachbarn, grüßen Sie selbstverständlich ebenfalls und stellen sich vor, falls er das nicht von sich aus tut.

»Ruhe!«
Tönt stundenlanges Hundegebell aus der Nachbarwohnung, vibrieren die Kristallgläser in der Vitrine, wenn der Amateurmusiker über Ihnen am Schlagzeug übt, fallen Sie schier aus dem Bett, weil der Hobbyhandwerker um 23 Uhr seine Bohrmaschine anwirft? Dann sollten Sie erst einmal davon ausgehen, dass hinter solch einer Handlungsweise nicht Böswilligkeit, sondern einfach Unachtsamkeit steckt. Ein klärendes Gespräch, in dem Sie sachlich schildern, wie das Verhalten des Nachbarn wirkt, verbunden mit der Bitte um Änderung, ist in den meisten Fällen effektiver als der Brief vom Rechtsanwalt. Und ein Danke für das geänderte Verhalten kommt immer gut an.

Planen Sie ein Fest, das erst nach 22 Uhr endet, informieren Sie Ihre Nachbarn möglichst einige Tage vorher, dass es an diesem Abend etwas länger laut zugehen kann. Wenn die Party im größeren Rahmen steigt, sollten Sie überlegen, Ihre Nachbarn ebenfalls einzuladen.

Stehen größere Baumaßnahmen an, teilen Sie das Ihren Nachbarn rechtzeitig mit.

»Also mit den Meiers wäre ich vorsichtig«
Gehen Sie keine unüberlegten Allianzen mit einzelnen Nachbarn ein, unabhängig davon, ob Sie neu sind oder ein Neuer Sie zum Verbündeten machen will. Kommunizieren Sie höflich, aber distanziert, insbesondere wenn Ihr Gegenüber private Themen anspricht.

Enger Kontakt – nein, danke
Wenn Sie merken, dass Ihre Nachbarn keinen engen Kontakt möchten, drängen Sie sich ihnen nicht auf. Keinesfalls sollten Sie sich in häusliche Angelegenheiten einmischen, Ihre Nachbarn ausspionieren und Dinge, die Ihnen an Ihren Nachbarn missfallen, unter die Leute bringen.

Krankenbesuch

Krankenbesuche zählen nicht zu den angenehmsten Dingen im Leben, können jedoch für den Patienten eine willkommene Abwechslung sein, unabhängig davon, ob er in einer Klinik untergebracht ist oder zu Hause das Bett hütet.

Überraschungsbesuche
Bevor Sie zum Krankenbesuch aufbrechen, sollten Sie sich erkundigen, ob dieser auch erwünscht ist, insbesondere bei Menschen, denen Sie nicht so nahestehen. Überraschungsbesuche sind auch im engsten Familien- und Freundeskreis nicht unbedingt angebracht, denn es könnte sein, dass sich bereits mehrere Besucher eingefunden haben oder dass es dem Kranken an diesem Tag sehr schlecht geht und er sich durch Gesellschaft überfordert fühlt. Deshalb sollten Sie vorher anrufen und sich erkundigen, ob Ihr Besuch gelegen kommt. Formulieren Sie die Frage so, dass der Kranke (ohne schlechtes Gewissen) ablehnen kann.

Wann ist der richtige Zeitpunkt für einen Besuch im Krankenhaus?
In den meisten Kliniken gibt es keine ausgewiesenen Besuchszeiten mehr. Denken Sie jedoch daran, dass es im Klinikalltag Abläufe gibt, die nicht gestört werden sollten wie die Visite, Therapietermine oder Essens-, Ruhe- und Schlafzeiten.

Was bringe ich mit?
Blumen sind ein beliebtes Mitbringsel für den Krankenbesuch, doch nicht jede Sorte ist geeignet. Rote Rosen bleiben beispielsweise Liebenden vorbehalten und weiße Blüten wie Lilien, Nelken, Callas, Astern, Hortensien oder Chrysanthemen verbinden viele Menschen mit dem Tod. Auf stark duftende Blüten sollten Sie verzichten, ebenso auf sehr große Sträuße, außer Sie bringen die passende Vase gleich mit.

In vielen Krankenhäusern sind Topfpflanzen aus Hygienegründen tabu. Entscheiden Sie sich deshalb lieber für kleine Schnittblumensträuße oder Gestecke, allerdings keine Trockengestecke, die der Patient nach seinem Klinikaufenthalt mitnimmt. Ein Aberglaube besagt nämlich, dass derjenige, der Blumen aus dem Krankenhaus mit nach Hause bringt, bald wiederkommt.

Wenn der Kranke keine Diät halten muss, dürfen Sie auch etwas zu essen oder Getränke mitbringen. Säfte sind dabei sinnvoller als Alkohol und Obst ist besser als Süßigkeiten.

Lesestoff ist meist willkommen, wobei Sie darauf achten sollten, dass Sie heitere Themen und ein handliches Format wählen.

Eine besondere Freude werden Sie dem Kranken machen, wenn Sie seine Interessen berücksichtigen. Vielleicht löst er gern Kreuzworträtsel oder Sudoku oder pflegt ein Hobby, zu dem es gute Literatur gibt.

Gesprächsthemen

Lassen Sie zunächst den Kranken erzählen, hören Sie ihm aufmerksam zu und gehen Sie behutsam auf ihn ein. Das bedeutet auch, dass Sie nicht abrupt das Thema wechseln. Wenn Sie ein Thema anschneiden, sollte es etwas Erfreuliches, Aufmunterndes sein. Oft reagieren Kranke positiv auf alltägliche Erlebnisse, deshalb können Sie beispielsweise von Ihren Kindern, angenehmen lokalpolitischen Ereignissen oder Ihrem Haustier erzählen, insbesondere wenn der Kranke selbst Haustierbesitzer ist.

Unterlassen sollten Sie,

- den Kranken auf sein schlechtes Aussehen anzusprechen.
- falsche Komplimente über das angeblich gute Aussehen des Patienten zu machen, denn Kranke haben ein sensibles Gespür für ehrlich gemeinte Worte.
- das Erwähnen eigener Beschwerden oder der Krankheiten Dritter.
- Floskeln wie »Daran stirbt man nicht« oder »Das wird schon wieder«.

Wie lange kann ich bleiben?

Die Dauer Ihres Besuchs hängt zum einen davon ab, wie gut Sie den Kranken kennen, zum anderen davon, wie viel Ruhe er benötigt. 30 Minuten sind für einen Höflichkeitsbesuch normalerweise angemessen, länger als eine Stunde sollten Sie nicht bleiben, außer Sie gehören zum engsten Familien- oder Freundeskreis oder werden ausdrücklich darum gebeten. Im Zweifelsfall fragen Sie das Klinikpersonal oder den behandelnden Arzt.

»Gute Besserung«
Möchte der Patient keinen Besuch empfangen oder ist dies wegen der Schwere der Krankheit nicht möglich, können Sie einen Blumengruß mit Genesungsschreiben schicken, in dem Sie Mitgefühl und Trost zum Ausdruck bringen. Handschriftliche Karten oder Briefe eignen sich natürlich am besten.

Wenn der Kranke zu Hause das Bett hütet und sich ohne Handy oder Computer verloren fühlt, dürfen Sie Ihre Genesungswünsche ausnahmsweise auch per SMS oder E-Mail übermitteln.

Trauerfall

Ein Trauerfall erfordert besonderes Fingerspitzengefühl. Das beginnt mit den passenden persönlichen Worten oder dem Kondolenzschreiben, erstreckt sich über das angemessene Verhalten während der Trauerfeier und endet beim Leichenschmaus.

Mitfühlende Worte
Gehören Sie zum engsten Familienkreis, sollten Sie Ihre Beileidsbekundung vor oder bei der Beerdigung persönlich aussprechen. Wählen Sie Formulierungen wie »Meine Anteilnahme« oder »Es tut mir so leid«. Wenn Sie im Moment nicht die richtigen Worte finden, dürfen Sie das durchaus zum Ausdruck bringen, indem Sie beispielsweise »mir fehlen jetzt einfach die Worte« sagen. Eine innige Umarmung oder ein von Herzen kommender Händedruck kann mehr wert sein als tausend Worte. Wichtig ist nur, dass Sie Ihr Mitgefühl zeigen.

Alles, was dazu führen könnte, dass die Trauernden sich nicht ernst genommen fühlen, ist selbstverständlich zu vermeiden, hierzu gehören auch Floskeln wie »Kopf hoch« oder »Die Zeit heilt alle Wunden«.

Das Kondolenzschreiben
Das Wort »kondolieren« stammt aus dem Lateinischen und bedeutet »mit jemandem leiden« oder »den Schmerz teilen«. Deshalb ist es wichtig, das Kondolenzschreiben möglichst zeitnah zu schicken und nicht auf vorgefertigte Karten zurückzugreifen, sondern einen persönlichen Text zu ver-

fassen, der Ihre Betroffenheit zum Ausdruck bringt, Anteilnahme vermittelt und den Verstorbenen würdigt. Sie können gemeinsame Erlebnisse ansprechen und Ihre Hilfe anbieten, falls es Ihre Beziehung zu den Hinterbliebenen zulässt. Passende Zitate dürfen Sie ebenfalls einbringen. Wenn die Angehörigen gläubig sind, können Sie darauf eingehen, dass Sie den Verstorbenen in Ihre Gebete einschließen.

Drücken Sie sich natürlich aus, nicht in schwülstigen Worten. Auf Schlussformeln mit Grüßen können Sie verzichten. Ein »In tiefer Verbundenheit« ist dagegen passend als Abschluss. Empfinden Sie das als deplatziert, weil Sie den Verstorbenen kaum kannten, dann setzen Sie nur Ihren Namen unter das Schreiben.

Am stilvollsten für ein Kondolenzschreiben ist schlichtes weißes Papier ohne schwarzen Rand und ohne Motive wie Kreuz oder gefaltete Hände. Verwenden Sie keinesfalls den Geschäftsbriefbogen, auf dem auch die Bankverbindung aufgedruckt ist. Der fensterlose Umschlag ist ebenfalls schlicht weiß und hat keinen schwarzen Rand. Außerdem wird er stets mit einer Briefmarke beklebt und nicht mit der Frankiermaschine gestempelt. Verfassen Sie das Schreiben mit blauer oder schwarzer Tinte.

E-Mail, Fax oder eine SMS sind für ein Kondolenzschreiben nicht angebracht.

Die Trauerfeier

Wenn Sie die Möglichkeit haben, sollten Sie zur Trauerfeier gehen. Es gibt keinen besseren Weg, Ihr Mitgefühl auszudrücken und dem Verstorbenen Respekt zu zollen.

- Wählen Sie schwarze oder dunkle Kleidung und tragen Sie keine auffallenden Schmuckstücke oder farbenfrohen Accessoires – die rote Handtasche und die bunte Krawatte bleiben an diesem Tag zu Hause.
- Brechen Sie rechtzeitig auf, denn nichts ist peinlicher und zeugt mehr von mangelndem Respekt, als zu spät zu einer Beerdigung zu kommen. Planen Sie so, dass Sie 10 bis 15 Minuten vor dem Beginn der Trauerfeier Ihren Platz einnehmen können.
- Das Handy bleibt selbstverständlich während der gesamten Zeremonie aus.

- Schweigen Sie während des Trauergottesdienstes, auf dem Weg zum Grab und während der Beisetzung.
- Rufen Sie sich ins Gedächtnis, dass die Beisetzung der Zeitpunkt des endgültigen Abschiednehmens ist. Die Verletzlichkeit und der Schmerz der Hinterbliebenen sind in dieser Situation besonders groß. Üben Sie sich deshalb in Zurückhaltung und nehmen Sie, wenn das in der Todesanzeige gewünscht wurde (»Von Beileidsbekundungen am Grab bitten wir abzusehen«) von Händedruck, tröstenden Worten oder Umarmungen Abstand.

Die Trauerrede
gehört ohne Zweifel zu den schwierigsten Reden. Sie erfordert Feingefühl wie keine andere Ansprache und sollte nur wenige Minuten in Anspruch nehmen.

Wenn Sie eine Trauerrede halten, ist es wichtig, dass Sie

- die direkten Angehörigen persönlich und namentlich ansprechen.
- der Familie Ihr Beileid bekunden.
- Ihren persönlichen Schmerz ausdrücken.
- an den Verstorbenen, seine Leistungen und seine Persönlichkeit erinnern sowie auf besondere gemeinsame Erlebnisse eingehen oder auf einen Charakterzug, der Ihnen unvergesslich bleibt.
- die Rede mit Worten des Abschiednehmens und Trostes beenden.

Der Leichenschmaus
– auch Beerdigungskaffee oder Totenmahl genannt –, dient dazu, den Schmerz zu lindern und den Übergang von der Trauer zur Normalität zu erleichtern. Er bietet Gelegenheit, schöne Erinnerungen an den Verstorbenen mit den anderen Gästen zu teilen, zu weinen und zu lachen. In ein feucht-fröhliches Gelage sollte der Leichenschmaus jedoch nicht ausarten, das wäre pietätlos.

Zum Beerdigungskaffee wird explizit eingeladen. Sie sollten die Einladung annehmen, denn mit der Feier wird den Hinterbliebenen auch das Gefühl vermittelt, dass sie Teil einer Gemeinschaft sind, die sich um sie kümmert.

Im Geschäftsleben

Von der Bewerbung über den Umgang mit Kollegen, Kunden und Gästen bis hin zum angemessenen Benehmen beim Betriebsfest und den Tischmanieren beim Geschäftsessen hält das Berufsleben so manche Fallstricke bereit, über die Sie nicht stolpern sollten.

Die Bewerbung

Mit der Bewerbung zeigen Sie, ob Sie »geschäftstauglich« sind. Deshalb ist es wichtig, dass Sie bestimmte Punkte hinsichtlich äußerer Form und Inhalt des Bewerbungsschreibens berücksichtigen.

- *Die äußere Form:* Verwenden Sie hochwertiges, rein weißes, ungelochtes und unliniertes Papier im DIN-A4-Format. Erstellen Sie die Bewerbung am PC, notfalls auch mit der elektrischen Schreibmaschine, keinesfalls jedoch von Hand. Halten Sie einen Zeilenabstand von 1½ ein. Achten Sie insbesondere auf eine gut lesbare Schrift sowie eine korrekte Rechtschreibung und Zeichensetzung. Wählen Sie eine Mappe aus hochwertiger, etwas dickerer Pappe oder Plastik, die sich nicht so leicht biegen lässt und in einer gedeckten Farbe gehalten ist. Klemmen Sie die Unterlagen so ein, dass sie problemlos eingesehen werden können. Vergessen Sie nicht, das Preisetikett zu entfernen. Achten Sie darauf, dass die Bewerbungsmappe nicht nach Rauch, Essen oder Parfüm riecht, denn manche Personaler schnuppern daran.
- *Der Inhalt:* Personaler lesen meist täglich mehrere Bewerbungsschreiben. Damit Ihr Schreiben den Wunsch hervorruft, Sie näher kennenzulernen, müssen Sie Interesse wecken. Das gelingt, indem Sie lebendig schreiben, ohne zu übertreiben, indem Sie Wortwiederholungen und Floskeln (»Ich suche eine neue Herausforderung«) sowie immer gleiche Satzanfänge und Sätze mit mehr als 20 Wörtern vermeiden. Ziel des Bewerbungsschreibens ist es, darzustellen, dass Sie die richtige Person für die freie Stelle sind. Deshalb muss Ihre Argumentation logisch aufgebaut sein. Erwähnen Sie zunächst, für welche Stelle Sie sich bewerben und warum. Erklären Sie, welche Fähigkeiten Sie für diesen Job ge-

eignet machen. Das ist eine nicht ganz leichte Aufgabe, denn Sie sollten weder über- noch untertreiben. Das oberste Gebot lautet: Bleiben Sie höflich. Insbesondere beim Anpreisen der eigenen Fähigkeiten neigen manche Bewerber zu Arroganz. Denken Sie daran, Ihre Präsentation sollte selbstbewusst, jedoch nicht überheblich sein. Nennen Sie Ihre Gehaltsvorstellung nur, wenn in der Stellenanzeige darum gebeten wird.

Das Vorstellungsgespräch

Haben Sie die erste Hürde genommen, wartet die nächste Herausforderung auf Sie: das Vorstellungsgespräch. Wie in vielen anderen Situationen gilt auch hier, der erste Eindruck ist entscheidend. Und damit dieser positiv ausfällt, sollten Sie besonderes Augenmerk auf Ihre Kleidung legen. Darüber hinaus ist es wichtig, wie Sie sich präsentieren. Um selbstbewusst auftreten zu können, müssen Sie im Vorfeld möglichst viele Informationen über das Unternehmen sammeln, die Sie im Gespräch wohlüberlegt zur Sprache bringen.

Damit Ihr Vorstellungsgespräch ein Erfolg wird, sollten Sie

- absolut pünktlich sein. Am besten treffen Sie einige Minuten vor dem vereinbarten Termin ein, damit Ihnen Zeit bleibt, sich anzumelden.
- grüßen, sich namentlich vorstellen und warten, ob man Ihnen die Hand reicht.
- erst Platz nehmen, wenn man Sie dazu auffordert.
- auf Ihre Haltung, Gestik und Mimik achten.
- freundlich und deutlich sprechen.
- keine alkoholischen Getränke annehmen und nicht rauchen, auch wenn Ihnen das angeboten wird.
- den vollständigen Namen und gegebenenfalls den Titel Ihres Gesprächspartners kennen und auch nennen.
- hochwertige Schreibutensilien für Notizen zur Hand haben.
- erklären, weshalb Sie den Arbeitsplatz wechseln möchten, wobei Sie gegenüber Ihrem bisherigen Arbeitgeber loyal bleiben.
- die Gehaltsfrage nicht von sich aus stellen, sondern warten, bis der Personaler die Sprache darauf bringt. Pokern Sie nicht: Überzogene Gehaltsforderungen sind leicht zu durchschauen.

- sich für das Gespräch bedanken und höflich verabschieden, wobei Sie auch in diesem Fall darauf warten, ob man Ihnen die Hand reicht.

Manche Firmen führen das Vorstellungsgespräch nicht im Unternehmen, sondern im Restaurant. Deshalb ist es unerlässlich, dass Sie mit den Tischsitten vertraut sind, denn gerade in diesem Punkt kann der kleinste Fauxpas ein Erdbeben auslösen.

Der (neue) Arbeitsplatz

Es macht kaum einen Unterschied, ob Sie zum ersten Mal eine Arbeitsstelle antreten oder von einer Firma zu einer anderen wechseln. Sie kennen die neuen Kollegen und Vorgesetzten noch nicht, sind mit unternehmensinternen Gepflogenheiten nicht vertraut oder stehen vielleicht vor einem neuen Aufgabengebiet. Die Gefahr, fehlzutreten, ist im Geschäftsleben hoch, selbst wenn Sie zu den alten Hasen gehören.

Die Probezeit
ist die Zeit der Bewährung. Sie zeigt, ob Sie den Anforderungen, die man an Sie stellt, gerecht werden. Das betrifft nicht nur die beruflichen, sondern auch die zwischenmenschlichen Bereiche.

Überzeugen Sie Kollegen und Vorgesetzte, indem Sie
- freundlich und höflich auftreten, ohne aufgesetzt zu wirken.
- sich den Gepflogenheiten des Unternehmens anpassen, ohne unterwürfig zu sein.
- fachliche Kompetenz beweisen, ohne überheblich zu wirken.
- Initiative zeigen, ohne Kollegen und Vorgesetzte zu überrumpeln.

Diese Punkte beherzigen Sie natürlich auch, nachdem Sie übernommen wurden. In der Probezeit spielen sie jedoch eine besonders wichtige Rolle.

Soll ich meinen Einstand/Ausstand feiern?
Wenn das im Unternehmen so üblich ist, sollten Sie eine Einstandsfeier geben. Fragen Sie bei Ihren Kollegen nach, manchmal wird der Einstand erst nach der Probezeit erwartet. Einen Ausstand sollten Sie nur feiern, wenn Sie die Firma einvernehmlich verlassen. Herrscht im Unternehmen Alkoholverbot, müssen Sie das berücksichtigen.

»Lasst uns froh und munter sein« – das Betriebsfest

Betriebsfeste sind kein reines Vergnügen. Halten Sie sich stets vor Augen, dass sich die Feier im Kreis von Kollegen und Vorgesetzten abspielt. Nicht selten sind Betriebsfeste oder auch -ausflüge ein Benimmtest, der über Ihre Zukunft im Unternehmen entscheiden kann. Deshalb sollten Sie die Spielregeln kennen und beherrschen.

- *Widerstehen Sie der Versuchung, nicht zum Betriebsfest zu gehen, damit wird Ihnen schnell der Stempel des Außenseiters aufgedrückt.*
- *Pünktlichkeit ist oberstes Gebot.*
- *Bringen Sie keine unangemeldeten Gäste wie etwa Ihren Ehepartner mit.*
- *Kleiden Sie sich dem Anlass entsprechend. Zu einer Feier im Bierzelt werden Sie nicht im kleinen Schwarzen auftauchen und wenn die Veranstaltung in einem vornehmen Restaurant stattfindet, bleibt das Dirndl im Schrank.*
- *Nutzen Sie die vermeintlich günstige Gelegenheit nicht, um Vorgesetzten die Meinung zu sagen.*
- *Sprechen Sie das Thema Gehalt keinesfalls an.*
- *Intimitäten sind absolut verpönt.*
- *Schlagen Sie nicht über die Stränge – weder mit üppig beladenen Tellern oder ungezügeltem Alkoholkonsum noch dadurch, dass Sie sich zum Firmenclown machen.*
- *Outen Sie sich nicht als Spaßbremse, indem Sie schweigend und offensichtlich gelangweilt auf Ihrem Stuhl sitzen oder demonstrativ auf die Uhr blicken.*
- *Geben Sie keine privaten Dinge preis. Betriebliche Veranstaltungen sind nicht der richtige Ort, um Eheprobleme zu diskutieren.*
- *Falls sich Ihr Chef am nächsten Tag nicht daran erinnert, Ihnen das Du angeboten zu haben, werden Sie das auch nicht tun.*
- *Wenn Sie während der Veranstaltung Zeuge der Entgleisung eines Vorgesetzten werden, sprechen Sie Ihn niemals darauf an.*

Miteinander zum Erfolg

Ob man gern zur Arbeit geht oder mit Bauchschmerzen, hängt wesentlich vom Betriebsklima ab. Ein guter Draht zu den Vorgesetzten gehört zu den Grundvoraussetzungen für erfolgreiches Arbeiten. Mindestens ebenso wichtig ist das Verhältnis unter Kollegen. Herrscht ein entspannter, vielleicht sogar freundschaftlicher Umgang, kommt das nicht nur dem unternehmerischen Erfolg zugute.

Wenn Sie zu einem guten Betriebsklima beitragen möchten,

- behandeln Sie Vorgesetzte und Kollegen mit demselben Respekt, den Sie selbst erwarten.
- tuscheln Sie nicht, machen sich nicht über andere lustig und reden nicht über (nicht anwesende) Dritte.
- nutzen Sie Kollegen nicht aus, um Ihre eigene Karriere zu fördern.
- schwärzen Sie Kollegen nicht bei Vorgesetzten an.
- verschaffen Sie sich durch vertrauliche Mitteilungen keinen Vorteil.
- respektieren Sie die Privatsphäre Ihrer Kollegen, das heißt, fremde Schreibtische, PC und Unterlagen sind für Sie tabu.
- stehen Sie für Ihre Fehler gerade und entschuldigen sich.
- nehmen Sie, zumindest gelegentlich und auch als Vorgesetzter, an nichtberuflichen Treffen wie einer sportlichen Veranstaltung oder einem Biergartenbesuch teil.

Was zeichnet einen guten Vorgesetzten aus?

Mit der Karriereleiter ist es wie mit dem Geld – sie kann den Charakter verderben. Eine besonders heikle Situation ergibt sich, wenn ein bisheriger Kollege zum Vorgesetzten aufsteigt. Als Chef sollten sie

- nicht zum Halbgott mutieren, der alles besser weiß und kann.
- Weisungen nicht im Kommandoton und in Befehlsform erteilen.
- auf Teamarbeit und Eigeninitiative setzen, nicht auf Sklaverei.
- für Ihre Fehler einstehen.
- durch Autorität, Kompetenz, Zuverlässigkeit und Respekt gegenüber Ihren Mitarbeitern überzeugen.
- konstruktive Kritik üben.
- zu gegebener Zeit ein Lob aussprechen.

Meetings

Der Erfolg eines Meetings hängt nicht nur von einem wohldurchdachten Konzept ab, sondern auch von korrekten Umgangsformen und vom Respekt gegenüber den Gesprächspartnern.

Fairness ist oberstes Gebot
Eine Besprechung funktioniert nur, wenn niemand versucht, ständig das Ruder an sich zu reißen und sämtliche Ansätze anderer Teilnehmer im Keim erstickt. Argumente müssen sachlich vorgetragen werden und nachvollziehbar sein, keinesfalls dürfen Sie emotional werden oder gar unter die Gürtellinie gehen. Fairness heißt das Zauberwort und dazu gehört:

- Sie werden niemals laut, selbst bei hitzigen Debatten.
- Sie reden anderen Teilnehmern nicht dazwischen.
- Sie verunglimpfen die Beiträge anderer nicht.
- Sie hören konzentriert zu.
- Sie halten gleichmäßig Blickkontakt zu allen Teilnehmern. Damit bekunden Sie Wertschätzung und zeigen Aufmerksamkeit.
- So banal es vielleicht klingt: auch an die Raucher zu denken und entsprechende Pausen einzuplanen.

Ausländische Geschäftspartner
Nehmen ausländische Gäste an einem Meeting teil oder sind Sie im Ausland zu einer Besprechung eingeladen, sollten Sie sich vorab mit den geschäftlichen Gepflogenheiten des jeweiligen Landes vertraut machen.
   Dementsprechend
- passen Sie Uhrzeit und Zeitpunkt des Meetings an.
- wählen Sie Ihre Kleidung.
- gestalten Sie die Begrüßung.
- achten Sie auf Hierarchien.
- tauschen Sie Visitenkarten aus.
- sprechen Sie problematische Themen wie Politik oder Religion nicht an.
   Von deutschen Geschäftsleuten wird (in aller Welt) Pünktlichkeit erwartet, auch wenn der ausländische Besucher oder Gastgeber auf sich warten lässt.

Geschäftsessen

Ob Sie Kontakte vertiefen, Vertragsabschlüsse feiern oder neue Projekte in Angriff nehmen möchten: Beim Geschäftsessen geht es niemals nur um die reine Nahrungsaufnahme, sondern auch um die Bewertung des Unternehmens anhand derer, die es vertreten. Gern werden auch Bewerber ins Restaurant eingeladen, denn an den Tischmanieren erkennen Personaler, ob der Kandidat für die Firma geeignet ist.

Die Gastgeberrolle

Wenn Sie zu einem Geschäftsessen einladen, sollten Sie ein Restaurant wählen, das Sie selbst kennen und schätzen. Bitten Sie um einen Tisch, der in einem ruhigen Bereich, jedoch nicht ungünstig wie etwa neben den Toiletten steht.

Chauffieren Sie Ihre Geschäftspartner zum Restaurant, nimmt der ranghöchste Gast, nachdem Sie ihm von außen die Autotür geöffnet haben, auf dem Beifahrersitz Platz. Die Person, die den nächsthöheren Rang innehat, sitzt hinten rechts und die rangniedrigste Person hinten links. Fahren Sie mit dem Taxi, gilt: Der höchste Ehrenplatz ist hinten rechts, der zweithöchste hinten links und die rangniedrigste Person, in diesem Fall der Gastgeber, der auch die Rechnung trägt, nimmt neben dem Fahrer Platz. Treffen Sie sich mit Ihren Geschäftspartnern vor dem Restaurant, öffnen Sie ihnen die Tür und gehen im Lokal voran. Besser ist es, sich drinnen zu verabreden, dann können Sie früher vor Ort sein und den Tisch in Augenschein nehmen.

An der Garderobe helfen Sie Ihrem Gast aus dem Mantel, bevor Sie selbst ablegen. Geleiten Sie Ihren Geschäftspartner zum Tisch und rücken Sie ihm den Stuhl zurecht. Nehmen mehrere Personen an dem Geschäftsessen teil, entfällt dieser Abschnitt.

Hinsichtlich der Sitzordnung sollten Sie darauf achten, dass Ihre Gäste, so platziert sind, dass sie in den Raum blicken. Damen und Herren sollten abwechselnd gesetzt werden und wenn möglich so, dass geeignete Gesprächspartner nebeneinander sitzen.

Als Gastgeber eröffnen und beenden Sie das Essen und nehmen beim Wein den Probierschluck.

Die Geschäftsfrau verhält sich als Gastgeberin wie der Geschäftsmann. Völlig überholt ist, dass Frauen nicht bezahlen, dem Geschäftspartner nicht die Tür öffnen oder eine Damenkarte erhalten, auf der keine Preise vermerkt sind. Und sie dürfen dem Herrn gern aus dem Mantel helfen.

Die Bestellung
Wenn Sie kein Menü vorgesehen haben, bestellt jeder Gast selbst. Als Gastgeber können Sie jedoch Empfehlungen aussprechen. Bei unterschiedlichen Preisniveaus erleichtert das den Gästen die Orientierung.

Das Tischgespräch
Fallen Sie nicht gleich zu Beginn des Essens mit der Tür ins Haus. Geschäftliches sollte erst nach dem Dessert oder Kaffee besprochen werden. Zunächst beschränken Sie sich auf leichte Konversation. Beim unverbindlichen Small Talk lernt man sich kennen, entdeckt Gemeinsamkeiten und schafft eine lockere Atmosphäre. Geeignete Themen sind Kunst, Musik, Sport, Hobbys, Städte in aller Welt, Urlaubsreisen oder das Wetter. Achten Sie stets darauf, positive Aussagen zu treffen. Tabu sind dagegen Kritik, insbesondere wenn sie (nicht anwesende) Dritte betrifft, politische, religiöse und andere weltanschauliche Diskussionen sowie Gespräche über Krankheiten und Tod.

Wenn Sie mit einem ausländischen Geschäftspartner zum Essen verabredet sind, erwartet er eventuell, dass Sie sich nach dem Befinden und der Familie erkundigen. Ob Sie als Gastgeber zum Geschäftlichen übergehen oder dies Ihrem Gast überlassen, wird unterschiedlich gehandhabt. Machen Sie sich deshalb mit den Gepflogenheiten des jeweiligen Landes vertraut, wenn Sie ein Geschäftsessen mit ausländischen Gästen planen.

Missgeschicke
- Fällt Ihnen die Serviette, das Brot oder das Besteck zu Boden, suchen Sie nicht danach, sondern bitten das Servicepersonal um Ersatz.
- Wenn Sie Ihr Glas umstoßen und sich der Inhalt über die Tischdecke ergießt, entschuldigen Sie sich bei Ihren Tischnachbarn und legen Ihre Serviette auf den Fleck, sofern das Servicepersonal nicht sofort reagiert.

- Wenn sich der Inhalt Ihres Glases über die Kleidung Ihres Tischnachbarn ergießt, bieten Sie Ihre Serviette zur Schadensbegrenzung an. Rubbeln Sie jedoch niemals an dem Fleck herum. Eine sofortige Entschuldigung versteht sich von selbst, gefolgt von dem Angebot, für die Reinigung aufzukommen.
- Sind Sie der begossene Pudel, ziehen Sie sich mit einer Entschuldigung auf die Toilette zurück und säubern oder trocknen dort, keinesfalls bei Tisch, Ihre Kleidung.
- Und für die Zuschauer gilt: Großzügig über das Missgeschick hinwegsehen, Kommentare unterlassen.
- Verletzende oder ungeschickte Äußerungen während eines Geschäftsessens sollten natürlich nicht vorkommen. Ist Ihnen doch ein sprachlicher Fauxpas unterlaufen, gehen Sie bei Tisch nicht ausführlich darauf ein, sondern klären das hinterher unter vier Augen.

Der Umgang mit dem Servicepersonal

Sie können noch so souverän und charmant mit Ihren Geschäftspartnern umgehen – eine abfällige Bemerkung zum behäbigen Servicepersonal, dem man beim Laufen die Schuhe zubinden kann, macht all Ihre Bemühungen zunichte, denn auch der angemessene Umgang mit den Restaurantmitarbeitern zeugt von stilsicherem Auftreten.

Passiert einem Servicemitarbeiter ein Malheur, beispielsweise ein Glas Rotwein, das er über Ihren teuren Anzug kippt, bewahren Sie selbstverständlich Ruhe. Sagen Sie etwas Freundliches (»Das ist mir auch einmal passiert, als ich während des Studiums gekellnert habe.«), denn für ihn ist die Situation wesentlich peinlicher als für Sie. Selbstredend übernimmt ein gutes Restaurant in solchen Fällen die Reinigungskosten, darüber muss nicht im Beisein Ihrer Gäste diskutiert werden.

Wenn es etwas zu beanstanden gibt, teilen Sie das dem Servicepersonal bestimmt, aber höflich mit.

Die Rechnung

lassen Sie, wenn möglich, in die Firma schicken, ansonsten machen Sie von Ihrer Kreditkarte Gebrauch. In bar am Tisch zu bezahlen, ist verpönt.

In der Öffentlichkeit

Ob Sie ein Restaurant oder eine kulturelle Veranstaltung besuchen, ob Sie einkaufen gehen oder einen Termin beim Arzt haben – in der Öffentlichkeit gibt es unzählige Gelegenheiten, Ihre Stilsicherheit unter Beweis zu stellen.

Kulturelle Veranstaltungen

Der Besuch einer kulturellen Veranstaltung, beispielsweise einer Oper oder eines Konzerts, ist immer etwas Besonderes, deshalb sollten Sie darauf achten, durch Ihr Verhalten und Ihre Kleidung niemandem das Vergnügen an der jeweiligen Darbietung zu verderben.

Was ziehe ich nur an?
Bis vor wenigen Jahren gab es zumindest bei Oper und Operette sowie klassischen Theater- und Konzertaufführungen eine strenge Kleiderordnung. Zwar haben sich die Zeiten geändert, Sie sollten sich jedoch dem Anlass entsprechend festlich kleiden, damit bringen Sie nicht nur gegenüber den Künstlern, sondern auch gegenüber den anderen Besuchern Wertschätzung zum Ausdruck. Jeans und Turnschuhe sind höchstens für einen Kinobesuch vertretbar.

Bei Premieren, Uraufführungen und Galaveranstaltungen werden ebenso wie auf Bällen noch heute Frack und großes Abendkleid oder Smoking und kleines Abendkleid erwartet. Wofür Sie sich entscheiden, geht aus der Einladung oder der Art der Veranstaltung hervor.

Wie verhalte ich mich, wenn ich zu spät komme?
Wenn Sie bei einem Kinobesuch zu spät kommen, ist das relativ unproblematisch, allerdings müssen Sie Ihren Platz dann im Halbdunkel einnehmen. Haben Sie einen Mittelplatz, wenden Sie den Besuchern, an denen Sie sich vorbeizwängen müssen, das Gesicht zu und bedanken Sie sich leise für das Durchlassen. Sollte die Vorstellung bereits begonnen haben, beschränken Sie sich auf ein Kopfnicken.

Benimm-Basics bei kulturellen Veranstaltungen

Es gibt einige Benimmregeln, die für alle kulturellen Veranstaltungen gelten.

- *Grüßen Sie Ihren Sitznachbarn mit einem kurzen Nicken, nachdem Sie Platz genommen haben.*
- *Verzichten Sie auf den Ellbogenkampf um die Armlehne, zeigen Sie sich großzügig und regeln Sie die »Besitzansprüche« mit einem Lächeln.*
- *Treffen Sie stets pünktlich bzw. einige Minuten früher ein, insbesondere wenn Sie auf einem Mittelplatz sitzen. Das gilt auch, wenn Sie nach einer Pause Ihren Platz wieder einnehmen.*
- *Überprüfen Sie, ob Sie sich auf dem richtigen Platz niedergelassen haben. Es ist höchst peinlich den falschen Sitz zu beanspruchen und zu behaupten, es sei der richtige.*
- *Machen Sie während der Vorstellung möglichst keine Geräusche – wenn Sie erkältet sind, bleiben Sie besser zu Hause.*
- *Strenge Gerüche sind für die anderen Besucher sehr unangenehm. Achten Sie deshalb auf einen dezenten Duft bei der Wahl Ihres Parfüms oder Deos und darauf, was Sie vor der Veranstaltung zu sich nehmen (auf Knoblauch, Fisch und Zwiebeln sollten Sie lieber verzichten).*
- *Das Handy bleibt während der Veranstaltung aus.*

Anders sieht es bei einem Theater-, Opern-, Operetten-, Musical- oder Konzertbesuch aus. Wer hier zu spät kommt, dem wird frühestens zum zweiten Akt Einlass gewährt, meist jedoch erst nach der Pause.

Wie verhalte ich mich, wenn jemand zu spät kommt?
Gewähren Sie dem Nachzügler Durchlass, indem Sie kurz aufstehen. Damit vermeiden Sie zum einen, dass man Ihnen auf die Füße tritt oder ans Knie stößt, zum anderen erleichtern Sie dem Zuspätkommenden das Vorbeizwängen.

Das Kinogedeck

Nicht nur die Klassiker, Popcorn und Cola, sind im Kino – und nur dort – erlaubt, sondern auch Eis und andere Süßigkeiten. Nehmen Sie Rücksicht auf die nachfolgenden Besucher und lassen Sie Ihren Abfall nach der Vorstellung nicht einfach auf dem Boden liegen, sondern entsorgen Sie ihn in den dafür vorgesehenen Behältern.

Des Künstlers schönster Lohn – der Applaus

Das stimmt wohl, aber … Beim Applaudieren kommt es auf das richtige Maß und den richtigen Zeitpunkt an. Beispielsweise ist es nicht angebracht, im Theater nach jeder Szene oder im Konzert zwischen den Sätzen einer Sinfonie Beifall zu klatschen. Der größte Fauxpas, den Sie jedoch begehen können ist, den Saal zu verlassen, bevor der letzte Vorhang gefallen ist. Das ist nicht nur gegenüber den Künstlern, sondern auch den anderen Zuschauern gegenüber unverzeihlich.

Im Theater applaudiert man normalerweise nach jedem Akt, wobei für besonders herausragende Szenen auch ein kurzer Zwischenapplaus in Ordnung ist.

Bei klassischen Konzerten wird erst nach dem gesamten Stück geklatscht. Wenn Sie sich nicht sicher sind, ob der Vortrag beendet ist, werfen Sie einen Blick auf den Dirigenten: Steht er noch immer mit dem Rücken zum Publikum, geht das Stück weiter. Hat er sich den Zuschauern jedoch zugewandt, ist es an der Zeit, zu applaudieren.

War eine Aufführung außerordentlich gut, bringt man das durch Standing Ovations zum Ausdruck: Das Publikum applaudiert nicht nur, sondern steht dazu auch auf.

Sonderfall Ball

Besondere Etiketteregeln gelten für den Ball. Das beginnt bei der Kleidung und endet bei der Aufforderung zum Tanz.

● Normalerweise steht in der Einladung, welche Garderobe erwünscht ist, wobei dieser Wunsch verbindlich ist. Geht nicht eindeutig hervor, was Sie anziehen sollen, achten Sie auf den Stil der Einladung oder versuchen Sie, anhand des Veranstalters entsprechende Rückschlüsse zu ziehen. Hilft Ihnen auch das nicht weiter, dürfen Sie durchaus beim Organisator nachfragen.

- Die Frau geht an der rechten Seite des Mannes zum Ball.
- Der Begrüßungsaperitif wird im Foyer eingenommen (die Saaltüren öffnen sich erst, wenn genügend Gäste anwesend sind, um den Ballsaal zu füllen) – eine gute Gelegenheit, um die Placement-Tafel (Sitzordnung) zu studieren.
- Der Mann stellt zunächst sich und anschließend seine Partnerin den Gästen an seinem Tisch vor.
- Sitzen Sie vor Ihren Tischnachbarn am Platz, stehen Sie als Herr bei jeder Begrüßung auf, als Dame dürfen Sie sitzen bleiben.
- Nach dem Diner darf getanzt werden, wobei der Herr seine Dame als Erstes zum Tanz auffordert. Bei Privatbällen wird erwartet, dass die Herren im Lauf des Abends alle Damen am Tisch zum Tanz einladen. Ansonsten sollte zumindest mit der Dame getanzt werden, deren Mann die eigene Partnerin bereits zum Tanz aufgefordert hat.
- Sind Sie zu einem offiziellen Ball eingeladen, dürfen Sie ohne Verabschiedung gehen.

Tanzetikette

In unserer Zeit ist es nicht mehr dem Herrn vorbehalten, die Dame zum Tanz aufzufordern. Auch als Frau dürfen Sie (nicht nur bei der Damenwahl) die Initiative ergreifen.

Wenn Sie als Mann eine Frau zum Tanz auffordern möchten, sollten Sie die Spielregeln kennen.

- Bevor Sie eine Frau zum Tanz auffordern, stehen Sie auf, schließen Ihr Jackett und nehmen die Hände aus den Hosentaschen.
- Gehen Sie auf Ihre Auserwählte zu, blicken Sie ihr in die Augen und fragen Sie: »Möchten Sie (mit mir) tanzen?«
- Die früher übliche Floskel »Sie gestatten?«, mit der man sich an den Begleiter der Dame wandte, die man auf das Parkett entführen wollte, ist nicht mehr zeitgemäß.
- Gehen Sie links neben Ihrer Partnerin zur Tanzfläche. Herrscht Platzmangel, gehen Sie vor ihr und ebnen ihr damit den Weg.

- Achten Sie darauf, Ihre Partnerin nicht an sich zu pressen, die korrekte Tanzhaltung reicht vollkommen aus.
- Passen Sie Schrittweite und -geschwindigkeit an die Kleidung Ihrer Partnerin an.
- Bringen Sie Ihre Dame an ihren Tisch zurück, helfen Sie ihr beim Platznehmen – insbesondere wenn sie ein langes Ballkleid trägt, wird sie das zu schätzen wissen – und bedanken Sie sich für den Tanz.

  Auch für die Dame gibt es eine Regel, die sie beherzigen sollte:
- Wenn sie eine Aufforderung zum Tanz ablehnt, darf sie diesen Tanz nur einem anderen gönnen, wenn sie ihm das bereits versprochen hatte, was sie dem Verschmähten natürlich mitteilen sollte, damit er sich nicht brüskiert fühlt.

Der Kunde ist König

Mit dem Königsamt sind nicht nur Rechte, sondern auch Pflichten verbunden. Als Kunde dürfen Sie vom Verkaufspersonal erwarten, dass Sie höflich behandelt werden, was eine Begrüßung und ein freundliches »Kann ich Ihnen helfen?« ebenso einschließt wie eine Verabschiedung mit Blickkontakt. Professionelles Verkaufspersonal wird auch mit unfreundlicher Kundschaft stets zuvorkommend umgehen. Zu dieser Kategorie möchten Sie jedoch nicht gehören. Deshalb

- treten Sie die Schuhe ab, bevor Sie in ein Geschäft gehen.
- grüßen Sie, wenn Sie ein kleines Geschäft betreten und in größeren Geschäften, sobald Sie das Personal ansprechen.
- behandeln Sie das Personal nicht wie Untertanen und bringen Ihr Anliegen als Bitte vor, nicht als Forderung. »Ich hätte gern« und »Geben Sie mir bitte« kommen wesentlich besser an als »Ich will« oder »Bringen Sie mir«.
- wühlen Sie nicht alles durcheinander und achten nach dem Anprobieren darauf, dass die Ware nicht zerknautscht in der Kabine oder gar auf dem Boden liegen bleibt.
- probieren Sie weder Kleidung noch Schuhe auf nackter Haut an, denn Sie legen Wert auf Hygiene.
- bleiben Sie auch bei einer Reklamation höflich.

Beim Arzt und im Krankenhaus

Eines haben Arztbesuche und Klinikaufenthalte gemeinsam: Sie sind nicht angenehm. Umso wichtiger ist es, sich so zu verhalten, dass einem möglichst reibungslosen Ablauf nichts im Weg steht.

Der Arzttermin

Haben Sie einen Arzttermin vereinbart, sollten Sie diesen unbedingt wahrnehmen. Natürlich gibt es Situationen, in denen das nicht möglich ist, dann rufen Sie mindestens einen Tag vor Ihrem Termin an und sagen ab. Das ist nicht nur dem Tagesablauf in der Praxis/Klinik dienlich, sondern auch den anderen Patienten gegenüber fair, da ein Termin für jemand anders frei wird.

Vermeiden Sie es, unangemeldet beim Arzt zu erscheinen, rufen Sie in Notfällen zumindest kurz an, damit sich Arzt und Sprechstundenhilfen darauf einstellen können, Sie einzuschieben.

Wenn es Ihr Gesundheitszustand zulässt, sollten Sie frisch geduscht beim Arzt erscheinen. Saubere Kleidung ist eine Selbstverständlichkeit. Verzichten Sie auf Make-up, Parfüm und Nagellack, denn die Gesichtsfarbe, der Körpergeruch und die Beschaffenheit der Fingernägel können bei der Diagnose eine wichtige Rolle spielen.

Wie verhalte ich mich in der Arztpraxis?

Als Erstes melden Sie sich bei der Sprechstundenhilfe an, die Sie entweder in das Arztzimmer führt oder bittet, im Wartezimmer Platz zu nehmen.

- Wenn die Tür des Wartezimmers geschlossen ist, klopfen Sie an, bevor Sie eintreten. Grüßen Sie die Anwesenden mit einem freundlichen »Guten Tag«, bevor Sie sich setzen.
- Bleiben Sie gelassen, wenn es etwas länger dauert. Die Sprechstundenhilfen haben keinen Einfluss auf die Wartezeit.
- Verzichten Sie auf Praxisgebühr-Diskussionen. Ihr Arzt hat die Gebühr weder eingeführt noch kommt sie ihm zugute.
- Stellen Sie keine Selbstdiagnose, auch wenn Sie die passende Krankheit zu Ihren Symptomen im Internet gegoogelt haben. Krankheitsbilder sind oftmals sehr komplex und können von Laien nicht zweifelsfrei be-

stimmt werden. Nicht umsonst gehört das Medizinstudium zu den aufwendigsten Ausbildungen. Vertrauen Sie also Ihrem Arzt und beschränken Sie sich darauf, ihm Ihre Krankheitssymptome mitzuteilen.

Vorbereitung auf den Klinikaufenthalt
Damit nicht bereits bei der Ankunft im Krankenhaus die ersten Probleme auftreten, sollten Sie daran denken
- die benötigten Unterlagen für den Arzt mitzunehmen.
- Medikamente einzupacken, die Sie regelmäßig einnehmen müssen.
- Hygieneartikel, Bademantel und Hausschuhe im Koffer zu verstauen.

Wie verhalte ich mich im Krankenhaus?
Grundsätzlich so, dass Sie den Klinikalltag nicht stören, insbesondere wenn Sie nicht bettlägerig sind und das Krankenzimmer verlassen können.

Nehmen Sie Termine wie Röntgen, Labor oder therapeutische Maßnahmen pünktlich wahr, um den Betriebsablauf nicht durcheinanderzubringen. Hierzu gehört auch, dass Sie sich zur angekündigten Visite in Ihrem Zimmer aufhalten.

Klingeln Sie nicht wegen jeder Kleinigkeit nach dem Pflegepersonal.

Wie verhalte ich mich gegenüber anderen Patienten in meinem Zimmer?
Nicht immer hat man das Privileg in einem Einzelzimmer untergebracht zu sein. Um das Miteinander im Krankenzimmer möglichst angenehm zu gestalten, sollten Sie
- Gespräche nur führen, wenn Ihr Gegenüber signalisiert, dass es daran interessiert ist.
- Rücksicht auf Ihre »Mitbewohner« nehmen, vor allem hinsichtlich Fernsehen, Radio, Telefongespräche und das Öffnen bzw. Schließen der Fenster.
- in das Besucherzimmer oder die Cafeteria gehen, wenn Sie viel Besuch bekommen und keine strenge Bettruhe einhalten müssen.
- nicht das gesamte Bad mit Ihren Hygieneartikeln belagern.
- die Nachtruhe einhalten.

»Danke«
Bedanken Sie sich bei Ihren Ärzten und Ihrem Pflegepersonal nicht erst, wenn Ihre Entlassung ansteht, sondern auch während Ihres Aufenthalts im Krankenhaus. Eine kleine Spende für die Kaffeekasse ist ebenfalls stets willkommen.

Im Restaurant
Von der Reservierung bis zum Begleichen der Rechnung lauern bei einem Restaurantbesuch unzählige Fettnäpfchen. Kein Wunder, dass viele Menschen Angst haben, sich im Restaurant zu blamieren. Wenn man jedoch einige Grundregeln beherrscht, die üblicherweise in europäischen Restaurants ab der Kategorie »Gutbürgerlich« gelten, kann eigentlich nichts mehr schiefgehen.

Reservierung
Wenn Sie einen Tisch für einen bestimmten Anlass reservieren möchten, weisen Sie darauf hin, denn für eine Privatfeier etwa anlässlich eines Hochzeitstags wird man sicher einen anderen Tisch auswählen als für ein Geschäftsessen.

»Dort ist ein Tisch frei«
Wenn Sie keinen Tisch reserviert haben, setzen Sie sich nicht einfach an einen freien Platz, sondern fragen beim Servicepersonal nach. Auch das Verschieben von Tischen mit den zugehörigen Stühlen überlassen Sie dem Service.

Die Garderobe
ist dafür da, dass Mäntel, Jacken und Schirme dort abgelegt werden. Nur wenn keine Garderobe zur Verfügung steht, dürfen sie mit an den Tisch genommen und über den Stuhl gehängt werden.

Tischablage
Missbrauchen Sie den Restauranttisch nicht als Ablagefläche – außer den Händen liegt nichts auf dem Tisch, nicht die Brille, nicht das Handy, nicht

die Zigarettenschachtel … und schon gar nicht die Handtasche. Die steht neben dem Stuhl auf dem Boden, wenn Sie zu groß ist, um sie an die Stuhllehne zu hängen.

Aperitif

Im Restaurant nehmen Sie den Aperitif normalerweise am Tisch ein. Sie sollten ihn austrinken, bevor Sie zum anschließend (vom Gastgeber) georderten Wein übergehen. Wenn Sie Ihren Aperitif im Restaurant dagegen an der Theke serviert bekommen, weil Ihr Tisch noch nicht frei ist oder für Sie neu eingedeckt wird, müssen Sie nicht auf den Rest des Getränks verzichten. Marschieren Sie jedoch nicht mit dem Glas in der Hand durch das Lokal – das zuständige Servicepersonal bringt es gern an Ihren Tisch.

Bittet der Gastgeber nach dem Stehempfang zu Tisch, nehmen Sie Ihr Aperitifglas auch dann nicht mit an die Tafel, wenn es noch nicht leer ist.

Alkohol – nein, danke

Als Gast können Sie alkoholische Getränke selbstverständlich mit einem höflichen »Nein, danke« ablehnen. Zuvorkommende Gastgeber akzeptieren dies ohne weitere Fragen und verzichten darauf, dem Gast im Verlauf des Essens immer wieder Alkohol anzubieten, damit er sich nicht genötigt fühlt, doch noch zuzugreifen.

Auch als Gastgeber dürfen Sie auf Alkohol verzichten, selbst wenn Sie Ihren Gästen alkoholische Getränke anbieten.

Weißwein zu hellem Fleisch und Fisch, Rotwein zu dunklem Fleisch?

Das wird nicht mehr so streng gesehen, vielmehr wird persönlichen Vorlieben der Vorzug gegeben.

Bier statt Wein?

Wenn Sie eingeladen sind, sollten Sie beim Wein bleiben, falls der Gastgeber ein Menü inklusive Wein zusammengestellt hat. Sind Sie kein Weinliebhaber, weichen Sie auf Mineralwasser aus.

Suchen sich die Gäste ihr Gericht und das dazu passende Getränk selbst aus, ist eine Bierbestellung keine Unhöflichkeit.

»Zum Wohl«

Hat man sich früher nur mit Wein und Sekt oder Champagner zugeprostet, darf man dies heute auch mit alkoholfreien Getränken. Und so gehts: Sie heben das Glas, lächeln und blicken vor dem Trinken mit einem leichten Kopfnicken kurz in die Runde. Dann wünschen Sie »Zum Wohl« oder »Prosit« (»Prost« ist nur im engsten Familienkreis salonfähig), trinken und nehmen vor dem Absetzen des Glases nochmals Blickkontakt auf.

Anstoßen sollte man nur zu besonderen Anlässen im kleinen Kreis wie dem Hochzeitstag oder einem wichtigen Geschäftsabschluss. Bei offiziellen Veranstaltungen wie Silvester wird nicht angestoßen.

Bestellen

Wenn Sie sich für ein Gericht entschieden haben, klappen Sie die Speisekarte zu und legen sie aus der Hand. Daran erkennt das Servicepersonal, dass die Bestellung aufgenommen werden kann. Die geöffnete Speisekarte signalisiert dagegen: »Ich habe noch nicht gewählt.«

Wenn Sie zu einem À-la-carte-Essen eingeladen sind, stellt sich die Frage, aus welcher Preisklasse Sie wählen. Ein aufmerksamer Gastgeber wird eine Empfehlung aussprechen, die beispielsweise deutlich macht, ob es Hummer an Safransoße oder doch eher Schnitzel mit Pommes sein darf, ob Sie ein mehrgängiges Menü wählen können oder sich auf eine Hauptspeise beschränken sollten. Gibt der Gastgeber kein Signal, entscheiden Sie sich nicht für das teuerste Gericht, sondern orientieren sich an der Bestellung des Gastgebers.

»Fräulein«, »Herr Ober«

Das weibliche Servicepersonal wird nicht mit »Fräulein« angesprochen. Sie sollten auch vermeiden, lautstark »Herr Ober« zu rufen. Am besten nehmen Sie Blickkontakt auf, um zu signalisieren, dass Sie einen Wunsch haben. Gelingt das nicht, geben Sie ein dezentes Handzeichen.

Sprechendes Besteck

Legen Sie Messer und Gabel parallel nebeneinander auf dem Teller ab, signalisieren Sie, dass Sie mit dem Essen fertig sind. Möchten Sie eine Pause einlegen oder einen Nachschlag haben, legen Sie das Besteck mit gekreuzten Spitzen auf den Teller.

Immer wieder liest man, wenn es nicht geschmeckt hat, solle man das Besteck auf Position »fünf vor halb sechs« ablegen, während man es auf »fünf nach halb sieben« legt, wenn man zufrieden war. Diese Aussagen dürfen Sie getrost ins Reich der Märchen verbannen.

»Das sieht aber lecker aus«

Wenn Sie von den Speisen Ihrer Begleitung kosten möchten, sollten Sie bedenken, dass Teller nicht verschoben werden und man nicht über den Tisch greift. Außerdem könnte es sein, dass Ihrer Begleitung dieses Vorhaben unangenehm ist. Deshalb konzentrieren Sie sich am besten auf Ihren Teller, dann bringen Sie niemanden in Verlegenheit.

»Ring, ring«

Im Restaurant sollte das Handy aus bleiben. Erwarten Sie einen Anruf, der keinen Aufschub duldet, stellen Sie es auf Vibrationsalarm. Zum Telefonieren verlassen Sie den Tisch und möglichst auch das Restaurant.

»Hat es Ihnen geschmeckt?«

Auch wenn diese Frage wie eine Floskel wirkt, sollte sie nicht so betrachtet werden. Deshalb dürfen Sie, selbstverständlich höflich, anmerken, wenn etwas nicht zu Ihrer Zufriedenheit war.

Wenn Ihnen ein Gericht serviert wird, das Sie nicht bestellt haben, oder etwas mit dem Essen oder dem Getränk nicht in Ordnung ist, bringen Sie Ihre Beschwerde taktvoll, aber bestimmt vor, und zwar, bevor Sie den Teller leer gegessen oder das Glas ausgetrunken haben.

»Die Rechnung bitte«

Wenn Sie einen Tisch reservieren, können Sie bereits am Telefon darauf hinweisen, dass Sie als Gastgeber die Rechnung übernehmen. Es gilt als unschicklich, demonstrativ vor den Augen der Gäste mit Bargeld zu bezahlen, außer Sie haben den engsten Freundeskreis eingeladen. Die Kredit- oder Scheckkarte ist jedoch auch in diesem Fall die elegantere Lösung.

Das schickt sich bei Tisch

Es gibt einige Grundregeln, die nicht nur für den Restaurantbesuch, sondern stets bei Tisch gelten.

- *Achten Sie auf ein gepflegtes Äußeres. Dazu gehört auch, nicht ungewaschen am Tisch zu erscheinen und kein aufdringliches Parfüm aufzulegen.*
- *Lümmeln Sie sich nicht an den Tisch. Sitzen Sie aufrecht, ohne sich anzulehnen, stellen Sie die Beine etwa hüftbreit auf den Boden und achten Sie darauf, dass beide Hände nur bis zum Handgelenk auf dem Tisch liegen. Die Ellbogen werden niemals aufgestützt.*
- *Die Serviette liegt auf dem Schoß und dient zum Abtupfen der Lippen, insbesondere bevor Sie Ihr Glas an selbige setzen. Zwischen den Gängen und wenn Sie den Tisch kurz verlassen, legen Sie die Serviette links neben dem Gedeck ab.*
- *Wenn Sie Ihr Make-up auffrischen oder sich die Frisur richten möchten, entschuldigen Sie sich kurz und verlassen den Tisch in Richtung Toilette, die Sie ebenfalls aufsuchen, wenn Sie Speisereste zwischen den Zähnen mit dem Zahnstocher entfernen möchten.*
- *Mit vollem Mund spricht und trinkt man nicht. Mit offenem Mund kaut man nicht.*
- *Löffel und Gabel werden zum Mund geführt, nicht umgekehrt.*
- *Mit den Fingern werden keine Speisereste oder Gräten aus dem Mund gefischt.*
- *Geschmatzt darf nur bei der Weinprobe werden, (geräuschlos) geschlürft nur beim Austernessen.*
- *Klappern und Gestikulieren mit dem Besteck sind tabu.*
- *Brot ist nicht zum Sattessen gedacht, wird nicht in das Essen getunkt und nicht zum Reinigen des Tellers verwendet.*
- *Gläser mit Stiel werden auch an diesem gehalten.*
- *Gläser werden zum Nachschenken nicht hochgehoben.*
- *Speisen werden nicht in Getränke getunkt.*
- *Speisen werden nicht kalt gepustet, das gilt insbesondere für Suppen.*

Natürlich können Sie sich auch kurz bei Ihren Gästen entschuldigen und zum Bezahlen den Tisch verlassen.

Möchte jeder für sich bezahlen, sollten Sie das dem Servicepersonal mitteilen, bevor Sie bestellen, dann können die Bestellungen getrennt gebucht werden. Die Zeiten, in denen es undenkbar war, dass die Dame die Rechnung im Restaurant begleicht, sind passé.

Trinkgeld
Wenn Sie mit dem Service zufrieden waren, honorieren Sie das mit einem angemessenen Trinkgeld. Zwischen 5 und 10 Prozent des Rechnungsbetrags gelten als höflich, wobei die Grenze nach oben gern überschritten werden darf, wenn Sie außergewöhnlich gut bewirtet wurden. Bringen Sie Ihre Zufriedenheit zudem verbal zum Ausdruck, indem Sie sich bedanken und dem Service ein Lob aussprechen.

Wurden Sie vom Chef persönlich bedient, bedanken Sie sich mit einem Obolus für die Angestellten oder für die Kaffeekasse, denn der Inhaber selbst bekommt kein Trinkgeld. Als Stammkunde können Sie sich beim Chef für den guten Service gelegentlich mit einem Blumenstrauß oder Gutschein bedanken.

Wie man was richtig isst

Manche Speisen werden nicht mit dem Löffel oder mit Messer und Gabel gegessen, sondern mit einem Spezialbesteck. Beispielsweise gibt es Hummerzange und -gabel zum Hummer, für die Soße den Gourmetlöffel und für den Kaviar die Kaviarschaufel und das Kaviarmesser. Doch auch problemlos anmutende Kost kann ihre Tücken haben.

- *Aal:* Gedünsteten Aal in Soße isst man mit dem Fischbesteck. Ansonsten verwendet man normales Besteck, etwa für Räucheraal.

- *Artischocken:* Man zupft die Blätter ab, taucht den unteren Teil in die Vinaigrette und zieht ihn mit den Zähnen ab. Den ungenießbaren Rest legt man auf den Abfallteller. Sind alle Blätter verzehrt, wird der Boden mit einem Löffel vom Heu befreit, mit der Gabel zerteilt und gegessen.

- *Austern* werden mit der Austerngabel von der Muschelschale gelöst. Anschließend schlürft man sie möglichst geräuschlos mit dem Austernwasser und schluckt sie unzerkaut hinunter.

- *Brot:* Brötchen und Baguette bricht man (außer zum Frühstück) in mundgerechte Stücke. Man bestreicht ein Stück mit dem jeweiligen Aufstrich wie Butter oder Griebenschmalz und verzehrt es, bevor man zum nächsten Bissen übergeht.

- *Eierspeisen* werden, wenn sie problemlos ohne Messer gegessen werden können, nur mit der Gabel zerteilt. Das gilt etwa für Rührei und Omeletts. Für Spiegeleier mit Schinken nimmt man das Messer zu Hilfe.

- *Fingerfood:* Kanapees, belegte Kräcker, Miniquiches, Blätterteighäppchen, Fisch-, Fleisch- und Gemüsebällchen, Minipizzas, Frühlingsröllchen und Gemüsestangen zum Dippen dürfen, sofern sie nicht mit kleinen Spießchen versehen sind, mit den Fingern gegessen werden.

- *Fingergerichte* sind Artischocken, Schalen- und Krustentiere wie Hummer, Krebse, Austern oder Scampi, die nicht ausgelöst serviert werden, Muscheln, sofern sie nicht überbacken sind, und Spareribs. Nach dem Essen werden die Finger in der Fingerschale oder mit einem warmen feuchten Tuch gereinigt.

- *Fisch:* Zuerst werden die Rücken- und Bauchflossen vorsichtig entfernt. Dann fährt man mit dem Fischmesser unter der Fischhaut entlang, hebt sie ab und legt sie auf den Grätenteller. Jetzt wird der Fisch entlang des Rückgrats vom Kopf bis zum Schwanz eingeschnitten, wobei man das Fischmesser vorsichtig einstich, bis man auf die Mittelgräte stößt. Anschließend klappt man die Filets vom Kopf bis zum Schwanz nach beiden Seiten ab, fährt mit der Gabel unterhalb des Kopfs vorsichtig unter die Mittelgräte und zieht das gesamte Skelett mit dem Kopf nach oben ab. Es wird ebenfalls auf den Grätenteller gelegt. Nun sollte der Fisch grätenfrei sein. Wenn Sie doch eine Gräte übersehen haben und diese in Ihren Mund gewandert ist, wird sie möglichst diskret mit der Zunge auf die Gabel geschoben und auf den Tellerrand gelegt.

- *Frühstücksei:* Man kann die Spitze mit dem Eierlöffel leicht anklopfen und den oberen Teil der Eierschale abpellen. Man darf das Ei aber auch mit dem Messer köpfen.

- *Garnelen* werden mit der Hand gebrochen. Man hält sie am Kopf, dreht den Schwanz heraus, entfernt den Panzer und löst das Fleisch heraus, das mit Messer und Gabel gegessen wird.

- *Geflügel* wird mit Messer und Gabel gegessen, nur bei der Wachtel darf man die Beine mit den Fingern vom Körper lösen.

- *Gemüse:* Weiches Gemüse zerteilt man mit der Gabel, hartes schneidet man mit dem Messer mundgerecht und isst es mit der Gabel.

- *Hummer* wird normalerweise in zwei Hälften serviert. Man löst mit einem kräftigen Ruck die Hummerscheren ab. Der dicke Teil wird anschließend mit dem Messer angeschlagen (oder mit der Hummerzange geknackt), damit man ihn problemlos brechen kann. Nun dreht man die Beine aus dem Körper und löst das Fleisch mit der Hummergabel aus der Schale. Dazu hält man den Körper mit der linken Hand fest und hebt mit der Hummergabel in der Rechten das Fleisch heraus, das mit dem Fischbesteck verzehrt wird. Nun bricht man die angeschlagenen Teile der Scheren auseinander und zieht das Fleisch mit der Gabel heraus. Ebenso verfährt man mit dem kleineren Teil der Scheren, die jedoch nicht auseinandergebrochen werden. Die Hummerbeine bricht man mit den Fingern an den Gelenken auf. Das Fleisch saugt man geräuschlos aus oder zieht es mit der Hummergabel heraus.

- *Kartoffeln* sollte man mit der Gabel zerteilen. Werden sie mit dem Messer geschnitten, ist die Schnittfläche zu glatt, um die Soße aufzunehmen. Keinesfalls dürfen Kartoffeln mit der Gabel zerdrückt werden.

- *Käse* wird meist zwischen Hauptgericht und Dessert serviert. Die Käse-sorten werden mit dem beigelegten Käsemesser abgeschnitten. Man beginnt mit milden Sorten, auf die man die herzhaften und pikanten folgen lässt.

- *Kirschen* werden mit den Fingern gegessen, wenn sie nicht zu einem Dessert wie Eis oder Torte gehören. Der Kern verschwindet diskret in der Hand und wird auf dem Teller abgelegt.

- *Knödel* – sofern es sich nicht um Suppeneinlagen handelt – und *Kroket-ten* werden mit der Gabel zerteilt und gegessen.

- *Lammkoteletts* isst man mit Messer und Gabel. Wird zu den Koteletts eine Fingerschale gereicht, darf man die Knochen zum Abnagen in die Hand nehmen, andernfalls sollte man die Finger besser aus dem Spiel lassen.

- *Pastete* wird mit der Gabel zerteilt, nicht mit dem Messer geschnitten.

- *Salatblätter:* Große Blätter sollten mit dem Besteck möglichst zu einem mundgerechten Päckchen gefaltet werden, notfalls darf man sie auch mit dem Messer schneiden.

- *Soße* kann man mit dem Gourmetlöffel genießen. Ist ein solcher nicht verfügbar, bittet man das Servicepersonal um einen »normalen« Löffel. Mit Brot sollte die Soße nicht aufgenommen werden.

- *Spaghetti* dürfen mit Löffel und Gabel gegessen werden. Könner ver-zichten auf den Löffel und drehen drei oder vier Nudeln auf die Gabel. Absolutes Tabu: Spaghetti mit dem Messer schneiden.

- *Suppe:* Suppenteller und größere Suppentassen kann man leicht kip-pen, um den Rest auszulöffeln. Kleine Suppentassen dürfen ausgetrun-ken werden.

Feste feiern

Feierlichkeiten bieten wie kaum ein anderer Bereich vielfältige Möglichkeiten, sich daneben zu benehmen. Dabei macht es keinen Unterschied, ob Sie zu einem offiziellen Anlass wie etwa einem Silvesterball geladen sind, ob Sie im kleinen oder großen Kreis bei einer Privatfeier zu Hause oder im Restaurant zu Gast sind oder ob Sie selbst einladen. Beim Einladungsschreiben gibt es einiges zu bedenken, die Sitzordnung erfordert Geschick, vor allem wenn Ehrengäste erwartet werden, die Rede darf nicht zu lang sein und muss flüssig vorgetragen werden und spätestens an der festlichen Tafel zeigt sich, wer kniggefest ist.

Die Einladung
sollte möglichst viele Informationen liefern, denn sie stimmt die Gäste auf das Fest ein. Die wichtigsten Punkte, die auf der Einladung nicht fehlen dürfen, sind:

- der Absender mit vollständigem Namen und Adresse
- der Anlass und das Datum der Veranstaltung
- Ort und Anschrift der Veranstaltung
- der Beginn und evtl. das Ende der Veranstaltung
- die Art der Bewirtung, beispielsweise festliches Menü, einfacher Imbiss oder Umtrunk
- einzelne Programmpunkte mit Uhrzeit
- bis wann um Antwort gebeten wird
- Hinweise auf Geschenke

Darüber hinaus können der Einladung ein vorgefertigtes Antwortschreiben, Tipps zu Übernachtungsmöglichkeiten und eine Anfahrtsskizze beigefügt werden.

Wenn möglich, sollten Sie die Einladung handschriftlich mit blauer Tinte auf hochwertigem Papier verfassen. Achten Sie auf eine saubere Schrift und korrekte Rechtschreibung. Um Fehler weitgehend auszuschließen, sollte eine weitere Person den Text gegenlesen.

Bei größeren Veranstaltungen können Sie auch gedruckte Einladungen verschicken, fügen Sie dann jedoch die persönliche Anrede und einen individuellen Gruß von Hand hinzu.

Abkürzungen auf Einladungskarten
u. A. w. g.: um Antwort wird gebeten
c. t.: cum tempore (mit Zeit). Man erscheint nicht vor der angegebenen Zeit, jedoch höchstens 15 Minuten später, wobei man bei einer öffentlichen Veranstaltung wie einem Konzert in diesem Zeitfenster bereits Platz genommen haben muss.
s. t.: sine tempore (ohne Zeit). Man erwartet Sie absolut pünktlich. Handelt es sich um eine öffentliche Veranstaltung, müssen Sie zur angegebenen Zeit bereits Platz genommen haben.

Wie kann ich eine Einladung höflich absagen?
Grundsätzlich sollten Sie sich gut überlegen, ob Sie eine Einladung absagen. Wenn Sie es tun, müssen Sie einen nachvollziehbaren Grund angeben. Keine Lust oder eine später eingegangene Einladung zu einer Veranstaltung, die Sie mehr interessiert, gehören nicht zu den guten Gründen. Ein bereits geplanter Urlaub oder eine (ansteckende) Krankheit hingegen schon.

Muss ich ein Geschenk mitbringen?
Das kommt auf die Art der Veranstaltung an. Zum Nachmittagskaffee, Cocktail oder offiziellen Empfang bringt man nichts mit. Über ein Dankesschreiben und einen Blumenstrauß, die Sie am Tag nach der Veranstaltung schicken, werden sich Ihre Gastgeber jedoch sicher freuen. Zum Geburtstag, der Hochzeit oder einem Abendessen unter Freunden erscheint man nicht mit leeren Händen. Ob Sie Blumen, Wein, Pralinen oder ein Buch mitbringen, sollten Sie davon abhängig machen, wie gut Sie die Gastgeber kennen.

Was muss ich bei der Sitzordnung beachten?
Nach internationalem Standard gilt: Die ranghöchste Dame nimmt rechts neben dem Gastgeber Platz, der ranghöchste Herr rechts neben der Gastgeberin. Je weiter ein Gast von Herr und Dame des Hauses entfernt sitzt, desto niedriger sein Rang. Deshalb sollten Sie bedenken, dass Verwandte einen niedrigeren Rang als andere Gäste haben und dass Geschäftspart-

»Tischlein deck dich«

Leider ist es nicht so einfach wie im Märchen der Brüder Grimm, einen Tisch einzudecken, zumal wenn die Tafel festlich anmuten und das Gedeck korrekt arrangiert sein soll.

*Das **kleine Gedeck** besteht aus Geschirr, Gläsern und Besteck für die Vorspeise, das Hauptgericht und das Dessert. Links vom mittig positionierten Platzteller, auf dem die Serviette drapiert wird, liegt die Gabel, rechts das Messer und außen neben dem Messer der Suppenlöffel. Der Dessertlöffel wird oberhalb des Tellers quer platziert und etwas höher rechts steht das Glas für das Tischgetränk.*

*Eine Herausforderung stellt das **große Gedeck** dar, das über die dreigängige Menüfolge hinausgeht. Sind mehr als vier Gänge vorgesehen, wird das Besteck nicht komplett aufgelegt, denn neben dem Platzteller sollen rechts nicht mehr als vier Besteckteile liegen, links höchstens drei. Das Besteck wird nach der Menüfolge von außen nach innen benutzt, die Gläser von rechts nach links.*

- *Die Mitte des Gedecks nimmt der Platzteller ein.*
- *Die Serviette wird – dekorativ arrangiert – auf den Teller gestellt oder einmal gefaltet links neben den Teller gelegt.*
- *Auf der rechten Seite liegt neben dem Platzteller das Fleischmesser (die Schneide zeigt nach links), rechts davon wird das Fischmesser mit der Kerbe nach rechts platziert, rechts von diesem liegt der Suppenlöffel und ganz außen eventuell das Vorspeisenmesser, ebenfalls mit der Schneide nach links zeigend.*
- *Die linke Seite wird analog zur rechten mit den jeweils passenden Gabeln eingedeckt: neben dem Platzteller liegt die Fleischgabel, links daneben und leicht nach oben versetzt die Fischgabel und ganz außen die Vorspeisengabel.*
- *Quer oberhalb des Platztellers wird mit dem Griff nach links die Dessertgabel positioniert und darüber mit dem Griff nach rechts der Dessertlöffel.*

- *Der Brotteller (Couvertteller) steht links neben oder oberhalb der Gabeln. Darauf liegt das kleine Buttermesser, dessen Schneide nach links zeigt. Es wird nur zum Bestreichen verwendet, nicht etwa um ein Brötchen aufzuschneiden.*

- *Die Gläser werden oberhalb des Platztellers schräg oder gerade aufgereiht. Das Glas für den Hauptgang (Richtglas) wird vor dem Fleischmesser positioniert. Das Wasserglas wird ganz rechts platziert und bleibt bis zum Ende des Menüs stehen. Dazwischen werden die Gläser für die anderen Gänge aufgestellt – insgesamt sollen jedoch nicht mehr als vier Gläser eingedeckt werden.*

- *Bestimmte Speisen erfordern ein Spezialbesteck, das nachgedeckt wird. So werden beispielsweise Schnecken- und Hummerzange ebenso wie das Krebsbesteck links vom Gedeck abgelegt, während Schnecken-, Austern-, Hummer- und Fonduegabel sowie Kaviarlöffel und -messer auf der rechten Seite ihren Platz finden.*

Zu einer festlich gedeckten Tafel gehören auch Tisch- und Menükarten. Die Tischkarte mit dem Namen des Gastes befindet sich oberhalb des Gedecks, die Menükarte wird dahinter aufgestellt.

Bei der Tischdekoration haben Sie als Gastgeber weitgehend freie Hand. Sie sollten allerdings bedenken, welche Wirkung der Dekor erzielt. So ist es zum Beispiel unangebracht eine Hochzeitstafel mit bunten Luftschlangen zu dekorieren oder Besteck mit Holzgriffen aufzulegen. In besserer Erinnerung wird Ihren Gästen eine weiß gedeckte Tafel mit edlen Kristallgläsern und Silberbesteck bleiben.

Die Dekoration darf dem Essen nicht die Show stehlen. Deshalb sollten Blumen mit dezentem Duft gewählt werden, Kerzen sollten geruchsfrei sein und nicht rußen. Außerdem ist es wichtig, dass Kommunikation und Blickkontakt zwischen den Gästen nicht beeinträchtigt werden. Die Dekoration darf also keine Barrieren bilden und muss den Gästen ausreichend Platz und Bewegungsfreiheit gewähren. Die Frage »Mehr Platz oder mehr Dekoration?« ist damit leicht zu beantworten: Der Komfort des Gastes hat immer Vorrang.

ner anderer Unternehmen ranghöher einzustufen sind als eigene Mitarbeiter. Laden Sie als Paar ein, sitzen Sie sich gegenüber. Platzieren Sie Ihre Gäste möglichst so, dass immer 2 Damen und 2 Herren nebeneinander sitzen, das trägt zur besseren Kommunikation bei.

Der Tischherr
ist der Herr, der links von einer Dame sitzt. Er reicht Speisen weiter, achtet darauf, dass das Glas seiner Dame stets gefüllt ist und bemüht sich um das Tischgespräch. Steht die Tischdame auf, sollte er sich ihr zu Ehren zumindest andeutungsweise ebenfalls erheben.

Eine Rede halten
ist gar nicht so einfach. Es gilt, zu überlegen, worüber man spricht, wie lange man spricht und ob man eine Begrüßungs- oder Tischrede hält. Während der Rede sollten Sie als Gast nicht essen, trinken, sprechen, rauchen oder den Tisch verlassen. Als Gastgeber bitten Sie das Servicepersonal, während der Rede die Bewirtung zu unterbrechen.

- Die *Begrüßungsrede* wird vom Veranstalter oder Gastgeber gehalten und sollte nicht länger als 5 bis 10 Minuten dauern. Dabei ist zu beachten, dass Ehrengäste (maximal 3 bis 5) der Rangfolge entsprechend sowie mit akademischen Graden und Titeln begrüßt werden. Der Redner drückt seine Freude darüber aus, dass die Gäste gekommen sind, er sorgt dafür, dass sie etwas über die Veranstaltung erfahren, und eröffnet das Fest offiziell.

- Die *Tischrede* sollte nicht mehr als 5 Minuten in Anspruch nehmen und wird in Absprache mit den Gastgebern und dem Servicepersonal nach dem Hauptgang gehalten, sofern es kein warmes Dessert gibt. Verzichten Sie darauf, sich akustisch Gehör zu verschaffen, indem Sie etwa mit dem Löffel gegen ein Glas schlagen. Ziehen Sie vielmehr die Aufmerksamkeit durch Ihr Auftreten auf sich: Erheben Sie sich, schieben Sie Ihren Stuhl weit nach hinten, stellen Sie Blickkontakt zu den Gästen her und sprechen Sie deutlich und mit fester Stimme. Achten Sie darauf, Themen, die bereits bei der Begrüßungsrede zur Sprache gekommen sind, nicht zu wiederholen.

Wann beginnt das Essen, wann endet es?

Die Dame des Hauses eröffnet das Essen, indem sie ihre Serviette entfaltet und auf den Schoß legt. Lädt ein Herr ein, ist er dafür zuständig. Wünsche wie »Guten Appetit« oder »Mahlzeit« sind unangebracht.

Man beginnt mit dem Essen, wenn allen Gästen der erste Gang serviert wurde. Diese Höflichkeitsform wird möglichst auch eingehalten, wenn es sich nicht um ein Menü, sondern um ein À-la-carte-Essen handelt.

Legt die Gastgeberin – oder der Gastgeber, wenn ein Herr ohne Partnerin eingeladen hat – ihre Serviette links neben dem Teller ab, ist das Essen beendet. Die Gäste folgen dann ihrem Beispiel.

Wie gehe ich mit dem Besteck um?

Das Fisch-, Fleisch- oder Buttermesser wird so in der rechten Hand gehalten, dass der Zeigefinger oben auf dem Griff liegt, während Daumen und Mittelfinger für Balance sorgen. Mit dem Buttermesser wird niemals etwas geschnitten, sondern nur der Belag auf das Brot gestrichen.

Die Gabel wird waagerecht, leicht nach unten geneigt, zum Mund geführt. Wird etwas aufgespießt, liegt der Zeigefinger mit leichtem Druck auf dem Griff, Daumen und Mittelfinger dienen wie beim Messer zur Balance. Die Zinken der Gabel zeigen nach oben, wenn man Beilagen wie Reis oder Gemüse damit zum Mund »transportiert«. In diesem Fall liegt der Griff auf dem Mittelfinger und ruht in der Beuge zwischen Daumen und Zeigefinger. Der Löffel wird ebenso gehalten und mit der Spitze voran zum Mund geführt.

Wenn Sie eine Essenspause machen oder zum Glas greifen, legen Sie Ihr Besteck niemals so ab, dass der Griff die Tischdecke berührt, sondern gekreuzt auf dem Teller.

Linkshänder dürfen das Besteck selbstverständlich so halten, wie sie am besten damit umgehen können.

Wie halte ich ein Stielglas?

Stielgläser wie Wein- oder Sektgläser werden grundsätzlich am Stiel angefasst, nur sehr kurze Stielgläser wie Cognacschwenker umfasst man mit der Hand.

Unterwegs

Wenn Sie sich auf Reisen begeben, und sei es auch nur die Fahrt zur Arbeit mit Bus oder Bahn, lauern unzählige Fettnäpfchen auf Sie: Ob Sie sich am Bahnhof, im Flugzeug oder an Bord eines Schiffes befinden, ob Sie in einem Hotel übernachten oder eine Auslandsreise antreten – unterwegs werden Sie immer wieder mit Situationen konfrontiert, in denen Sie Stilsicherheit beweisen müssen.

Mit öffentlichen Verkehrsmitteln

In öffentlichen Verkehrsmitteln begegnet man fremden Menschen auf engstem Raum. Hinzu kommt, dass Bus oder Bahn oftmals überfüllt sind, insbesondere zu Stoßzeiten, beispielsweise auf dem Weg zur Arbeit. Gerade in solchen Stresssituationen ist es wichtig, ruhig zu bleiben und mit gutem Benehmen zu punkten.

Überfüllte Busse und Bahnen
Niemand schätzt es, wenn Bus oder Bahn überfüllt sind. Geraten Sie in eine solche Situation
- bleiben Sie ruhig.
- halten Sie so gut wie möglich Abstand zu Ihren Mitreisenden.
- entschuldigen Sie sich, wenn Sie jemanden anrempeln.
- bleiben Sie höflich und lächeln, wenn Sie angerempelt werden.

»Ist der Platz frei?«
Mit Ausnahme des öffentlichen Nahverkehrs sollten Sie sich nicht einfach hinsetzen, sondern höflich fragen, ob ein leerer Platz in Bus oder Bahn noch frei ist.

Der reservierte Sitzplatz im Zug ist belegt, was nun?
Wenn andere adäquate Plätze verfügbar sind, sollten Sie nicht auf Ihren Platz bestehen. Ansonsten machen Sie höflich darauf aufmerksam, dass Sie diesen Platz reserviert haben.

Muss man sich mit anderen Reisenden unterhalten?
Nein. Der verbale Austausch lässt sich auf ein Minimum der Höflichkeit reduzieren: »Guten Tag« und »Auf Wiedersehen«. Dazu ein kurzer Blickkontakt, mehr muss nicht sein. Wenn Sie sich nicht unterhalten möchten, holen Sie Ihre Lektüre hervor, nachdem Sie sich gesetzt haben. Umgekehrt gilt natürlich dasselbe: Belästigen Sie Ihren Sitznachbarn nicht mit einem Gespräch, wenn er signalisiert, dass er nicht gestört werden möchte.

»Darf ich Ihnen behilflich sein?«
Bevor Sie jemandem Hilfe angedeihen lassen, sollten Sie sich vergewissern, ob Ihre Unterstützung erwünscht ist, indem Sie beispielsweise fragen: »Darf ich Ihnen behilflich sein?« Das gilt auch, wenn Sie Ihren Sitzplatz zur Verfügung stellen möchten. Fragen Sie nach, bevor Sie aufstehen: »Darf ich Ihnen meinen Sitzplatz anbieten?« Sonst könnte sich derjenige, für den Sie aufstehen, brüskiert fühlen, beispielsweise eine ältere Person, die noch sehr rüstig ist.

Zeigen Sie sich hilfsbereit, indem Sie
- älteren Menschen und Menschen mit Behinderung beim Ein- und Aussteigen den Vortritt lassen.
- schwer beladenen Reisegästen oder einer Mutter mit Kinderwagen Ihre Hilfe beim Ein- und Aussteigen anbieten.
- älteren oder behinderten Menschen bei der Ablage des Gepäcks im Gepäckfach Ihre Hilfe anbieten.
- älteren oder behinderten Menschen Ihren Sitzplatz überlassen, insbesondere wenn die für behinderte Personen ausgewiesenen Plätze belegt sind. Mütter mit Kleinkindern oder schwer bepackte Schüler sind ebenfalls dankbar für einen Sitzplatz.
- älteren und behinderten Menschen oder einer alleinreisenden Mutter beim Abstellen des Gepäcks auf dem Förderband helfen. Das Gleiche gilt für das Herunterheben.

Telefongespräche
»Steffi, du glaubst nicht, mit wem der Klaus eine Affäre hat …« Verzichten Sie darauf, private oder geschäftliche Mitteilungen lautstark über

Die Top Ten der Unhöflichkeiten in Bus und Bahn

Nicht nur überfüllte öffentliche Verkehrsmittel und redselige Mitreisende sind ein Ärgernis in Bus und Bahn, sondern auch:

- *zu laute MP3-Player, bei denen der Nachbar alles mithören muss.*
- *Mitreisende, die sich gegenseitig Handyklingeltöne und Musik über Lautsprecher vorspielen.*
- *Fahrgäste, die Nachbarplätze mit Taschen oder Gepäck blockieren.*
- *alkoholisierte Sportfans, die die öffentlichen Verkehrsmittel mit der Kneipe oder dem Stadion verwechseln.*
- *Geschäftsleute, die das ganze Abteil an (wichtigen) Telefonaten teilhaben lassen.*
- *strenger Essensgeruch (nicht nur aus der Fastfood-Tüte …)*
- *Fahrgäste, die ihren Hund quer im Gang Platz nehmen lassen.*
- *die Unsitte, dass sich alle in die ersten Waggons zwängen, obwohl die übrigen Waggons weitgehend frei sind.*
- *dass man sich durch die überfüllte Bahn oder den vollen Bus zum Ausgang drängen muss, weil niemand kurz aussteigt, um den Weg frei zu machen.*
- *Fahrgäste, die offensichtlich noch nichts von »links gehen, rechts stehen« gehört haben und die Rolltreppe blockieren.*

Handy zu verkünden, die anderen Fahrgäste könnten sich dadurch belästigt fühlen. In vielen Zügen gibt es ausgewiesene Ruhezonen, in denen das Telefonieren tabu ist. Falls das Handy während der Fahrt unverzichtbar ist, stellen Sie es auf Vibrationsalarm und fassen Sie sich bei Anrufen möglichst kurz. Wenn ein Gespräch doch einmal länger dauert, nehmen Sie Rücksicht auf Ihre Mitreisenden und verlassen das Abteil.

Einige Fluggesellschaften erlauben inzwischen das Telefonieren während des Fluges. Die meisten Passagiere fühlen sich dadurch jedoch noch mehr gestört als in Bus oder Bahn. Deshalb sollte das Handy im Flugzeug ausgeschaltet bleiben.

Arm- und Rückenlehne

Überlassen Sie dem Mitreisenden auf dem mittleren Sitz beide Armlehnen, denn dieser Platz ist beengter als ein Gang- oder Fensterplatz, bei dem Sie zudem eine Armlehne sowieso für sich haben.

Beanspruchen Sie beim Aufstehen keinesfalls die Rückenlehne des Sitzes vor Ihnen. Ziehen Sie sich daran hoch, schnellt sie beim Loslassen zurück und schüttelt den Vordermann durch. Außerdem könnten Sie versehentlich dessen Haare erwischen.

Wenn Sie Ihre Rückenlehne verstellen möchten, vergewissern Sie sich, dass der Mitreisende hinter Ihnen kein Getränk auf dem Tischchen stehen hat und fragen Sie, ob es ihn stört, wenn Sie den Sitz zurückklappen. Stellen Sie die Lehne langsam zurück.

Aufstehen

Wenn Sie zu den Menschen gehören, die in Flugzeug, Bus oder Bahn oft aufstehen, sollten Sie einen Gangplatz buchen, sonst fühlen sich Ihre Mitreisenden schnell genervt.

Applaus, Applaus, Applaus

An der Frage des Beklatschens gelungener Landungen scheiden sich die Geister. Vielflieger werden eine sanfte Landung nicht bei jedem Flug mit einem Applaus honorieren. Schließlich ist das Flugzeug für sie ein alltägliches Verkehrsmittel. Anders sieht es bei Ferienreisenden aus. Zur Urlaubsstimmung gesellt sich die Bewunderung, die den Piloten und deren Leistung gebührt. Und dann gibt es noch Passagiere aus Ländern, in denen kulturelle oder religiöse Gründe dafür sprechen, den Piloten zu applaudieren. Sie bekunden damit ihre Freude darüber, dass ihnen das Schicksal wohl gesinnt war. Verdrehte Augen oder gar eine Zurechtweisung wären somit kein Ausdruck von guten Manieren, sondern vielmehr von Überheblichkeit und Unwissenheit.

Boardservice

Im Flugzeug wird der Passagier am Fensterplatz als Erster bedient. Damit wird das Risiko minimiert, vom Sitznachbarn etwas zu verschütten. Unterstützen Sie die Flugbegleiter und reichen Sie Getränke und Essen weiter, wenn Sie am Gang oder in der Mitte sitzen.

Halten Sie beim Essen und Trinken beide Arme am Körper und verzichten Sie darauf, eigene Speisen oder Getränke zu verzehren, außer bei Kurz- oder Mittelstreckenflügen, bei denen kein Essensservice angeboten wird.

Halten Sie sich mit Alkohol zurück. Kichernde oder lallende Passagiere sind eine Zumutung. Checken Sie nicht im angetrunkenen Zustand ein, sonst könnte es sein, dass Sie wieder von Bord gehen müssen.

Flugbegleiter
sind keine Bediensteten, sondern Gastgeber, deshalb ist es auch nicht üblich, Trinkgeld zu geben. Setzen Sie die Belegschaft nicht unter Druck, indem Sie ständig den Rufknopf drücken, und bitten Sie erst um Nachschub, wenn allen Passagieren serviert wurde.

Es versteht sich von selbst, dass Sie den Flugbegleitern gegenüber freundlich sind und »bitte« und »danke« sagen.

Auf dem Kreuzfahrtschiff
Fühlen Sie sich in eleganter Garderobe oder im Freizeitoutfit wohler? Möchten Sie mit Ihrer Begleitung entspannte Urlaubstage verbringen oder sind Sie an kulturellen Ausflügen interessiert? – Das passende Schiff zu finden, ist nicht leicht. Sie haben die Qual der Wahl zwischen hochpreisigen Luxus-, geselligen Party- und anspruchsvollen Kulturreisen. Deshalb sollten Sie sich vor Reiseantritt gut überlegen, wohin Sie fahren möchten und welches Angebot Ihren Vorstellungen am ehesten entspricht.

Im Restaurant
Auf den meisten Schiffen gibt es für das Abendessen feste Restaurantplätze, bei Frühstück und Mittagessen hat man normalerweise freie Platzwahl. Stellen Sie sich Ihrem Tischnachbarn vor. Wenn Ihnen der zugewiesene Tischnachbar nicht entspricht, weil er beispielsweise immerzu etwas am Essen auszusetzen hat, während der Mahlzeiten ununterbrochen Konversation betreiben möchte oder sich ständig in den Mittelpunkt rückt,

können Sie ein diskretes Gespräch mit dem Restaurantchef führen, damit Ihnen ein anderer Tisch zugewiesen wird. Ist das nicht möglich, machen Sie gute Miene zum bösen Spiel, schließlich trifft man sich regelmäßig zu den Mahlzeiten wieder.

Dresscode beim Abendessen

Der Dresscode beim Abendessen ist meist genau festgelegt und die Gäste werden in der Regel im Tagesprogramm darauf aufmerksam gemacht, wie sie sich am Abend kleiden sollen. Finden Sie den Hinweis »elegant casual« zieht die Dame Rock oder Hose mit Bluse an und der Herr eine sportlich legere Hose, kombiniert mit einem eleganten Pullover oder Hemd und Jackett. »Semi-formal« bedeutet Kostüm, Hosenanzug oder Kleid für die Dame, Jackett und Krawatte für den Herrn. Und wenn es heißt »formal«, sind kleines Abendkleid (Cocktailkleid) und Smoking oder Dinnerjacket die richtige Wahl.

Gibt es keine Hinweise auf die Garderobe, dürfen Sie auch etwas salopper erscheinen, allerdings sollten Sie im Restaurant – unabhängig von der Tageszeit – auf ein allzu freizügiges Outfit wie Shorts, Minirock oder gar Badebekleidung verzichten.

Wie viel Trinkgeld ist angemessen?

In diesem Punkt unterscheiden sich die Konzepte der Reedereien. Bei einigen Anbietern ist das Trinkgeld im Reisepreis inbegriffen, andere geben eine Empfehlung zur Höhe des Trinkgelds (pro Tag und Passagier). Wenn Sie 10 bis 15 Prozent des Reisepreises einkalkulieren, liegen Sie normalerweise richtig. In jedem Fall sollten Sie das Trinkgeld auf das Personal und über mehrere Phasen verteilen.

Auch wenn es sich um Inklusivpreise handelt, freut sich das Personal, wenn Sie sehr guten Service zusätzlich honorieren.

Benimm an Deck

- Widerstehen Sie dem Drang, die besten Sonnenliegen mit Handtüchern zu reservieren.
- Oben ohne wird nicht gern gesehen, FKK ist verboten.

- Verzichten Sie darauf, sich bei der Hafeneinfahrt den besten Platz an der Reling (unter Einsatz Ihrer Ellbogen) zu erkämpfen.
- Sprechen Sie dem Alkohol in Maßen zu. Betrunkene Passagiere, denen es darüber hinaus durch die Kombination von Alkohol und Seegang schlecht geht, sind ein Gräuel für die anderen Reisegäste.

Im Hotel

Die meisten Urlaube stehen in Verbindung mit einem Hotelaufenthalt. Die Auswahl ist groß: Von der einfachen Pension bis zum luxuriösen Fünfsternehotel findet jeder etwas für seinen Geschmack. Eines jedoch haben alle Herbergen gemeinsam: Es gibt Verhaltensregeln, an die Sie sich halten sollten, wenn Sie sich nicht blamieren und niemanden brüskieren möchten.

Die passende Kleidung

Die Garderobe richtet sich grundsätzlich nach der Klasse des Hotels. Wenn Sie in einem Fünfsternehotel einchecken, werden Sie mehr gesellschaftsfähige Kleidung benötigen, als in einer einfachen Pension. Viele Hotelbetreiber legen darauf Wert, dass man sich zum Abendessen etwas feiner macht. Shorts, Minirock und Badelatschen sind immer fehl am Platz.
- Auf dem Weg zum Pool sollten Sie über der Badekleidung mindestens einen Bademantel tragen und schwimmbadtaugliche Schuhe anziehen.
- Achten Sie darauf, dass Sie die Gäste im Restaurant, an der Bar und in Konferenzräumen beim Gang zum Pool nicht stören, indem Sie sich beispielsweise lautstark unterhalten.
- Ein absoluter Fauxpas ist, in Badekleidung quer durch das Hotel zur Lobby zu sprinten und nach dem Schwimmbad zu fragen.

Mein Handtuch, meine Sonnenliege

Natürlich darf man eine Sonnenliege mit dem Handtuch reservieren – wenn man kurz an die Bar oder zur Toilette geht. Überaus unhöflich ist es dagegen, den Wecker auf 6:30 Uhr zu stellen, zum Schwimmbad zu hechten und ein oder mehrere Handtücher auf Sonnenliegen zu verteilen, um sich darauf dann am frühen Nachmittag niederzulassen.

In guten Hotels werden Badehandtücher für das Schwimmbad zur Verfügung gestellt. Sie sollten diese beim Gehen in den dafür vorgesehenen Schmutzwäschekorb geben und nicht auf der Sonnenliege zurücklassen.

Souvenir, Souvenir
Was dem Hotel gehört, bleibt auch im Hotel. Streng genommen gilt das auch für die kleinen Einmal-Dusch- und -Shampoofläschchen, wobei man in diesem Fall noch ein Auge zudrücken kann. Von nachfüllbaren Flakons, Handtüchern, Bademänteln, Regenschirmen und anderem Inventar sollten Sie jedoch die Finger lassen, denn wenn Sie etwas Derartiges mitnehmen, fällt das in die Kategorie Diebstahl.

Wie laut darf man im Hotelzimmer sein?
Wenn Sie mit dem Fernseher oder der Stereoanlage das gesamte Hotel beschallen, ist das eindeutig zu laut. Stellen Sie das Gerät auf Zimmerlautstärke. Sind Sie sich nicht sicher, gehen Sie vor Ihr Hotelzimmer, schließen die Tür und lauschen, ob Sie etwas hören.
Fühlen Sie sich durch die Geräuschkulisse aus dem Nachbarzimmer gestört, klopfen Sie nicht hemmungslos gegen die Wand. Ein höflicher Anruf an der Rezeption mit der Bitte um Ruhe führt vermutlich schneller ans Ziel.

Essenszeiten
Wenn das Hotel genaue Angaben zu den Essenszeiten macht, sollten Sie nicht erst 5 Minuten vor Schluss Platz nehmen, sondern spätestens 30 Minuten vor dem Ende der ausgewiesenen Essenszeit. Damit setzen Sie weder sich noch das Personal unter Zeitdruck.

Darf ich vom Büfett etwas für unterwegs mitnehmen?
Die meisten Hotels verweisen ausdrücklich darauf, dass das Mitnehmen von Speisen und Getränken nicht gestattet ist. Genießen Sie also das reichhaltige Büfett im Restaurant, verzichten Sie jedoch darauf, sich ein Lunchpaket für den Tag zusammenzustellen.

Die Schlacht am (kalten) Büfett
Ein Büfett ist etwas Wunderbares: Von der Suppe bis zum Dessert bleiben keine Wünsche offen. Man kann von allem etwas probieren und darf sich auch einen Nachschlag gönnen – für den Sie stets einen frischen Teller nehmen, denn die anderen Gäste sind nicht daran interessiert, zu erfahren, wovon Sie bereits gekostet haben.

Heikel wird es freilich, wenn Sie Ihren Teller randvoll mit Speisen beladen und anschließend zu Ihrem Tisch zurückjonglieren. Vermutlich wird Sie niemand darauf ansprechen, allerdings müssen Sie damit rechnen, dass andere Gäste Sie mit ungnädigen Blicken auf Ihren Fauxpas aufmerksam machen. Halten Sie sich deshalb am besten an die Faustregel, dass man den Tellerrand auf dem Rückweg vom Büfett noch deutlich erkennen sollte.

Es versteht sich von selbst, dass Sie sich am Büfett in die Schlange einreihen und sich nicht – etwa unter Einsatz der Ellbogen – an den anderen vorbeimogeln.

Trinkgeld
sollten Sie gern oder gar nicht geben. Letzteres zeugt allerdings von nicht allzu guten Manieren. Sind Sie mit dem Service sehr zufrieden, sind zwischen 10 und 15 Prozent des Rechnungsbetrags in Ordnung, entspricht der Service nicht Ihren Vorstellungen können Sie das mit einem deutlich geringeren Trinkgeld kundtun, wobei es natürlich noch besser ist, höflich auf Missstände aufmerksam zu machen. Das entspannt die Situation und sorgt für ein angenehmes Klima.

Neben dem Servicepersonal im Restaurant und an der Bar freuen sich unter anderem auch Zimmermädchen, Gepäckträger, Pagen und Rezeptionsmitarbeiter über eine kleine Aufmerksamkeit. Das gilt übrigens auch im Wellnessbereich, beispielsweise wenn Sie eine entspannende Massage genießen durften.

»Also so geht es nicht«
Wenn Sie ein Problem haben oder Sie etwas ärgert, teilen Sie das dem Personal höflich mit. Werden Sie dabei weder laut noch unsachlich, dann hilft

man Ihnen sicher gern weiter. Auch eine Beschwerde darf mit einem »Bitte« verbunden sein und wenn Ihnen geholfen wurde, sollten Sie ein »Danke« über die Lippen bringen.

Im Ausland

Es ist schwierig, in diesem Bereich allgemeingültige Aussagen zu treffen, denn wie man sich im Ausland richtig verhält, hängt vom jeweiligen Staat und der Kultur ab. Doch es gibt einige Grundregeln, die Sie beachten sollten, wenn Sie fremde Länder bereisen.

- Informieren Sie sich vor Reiseantritt über allgemeine Gepflogenheiten Ihres Ziellandes. Neben Reiseführern in Buchform oder dem Reisebüro eignet sich auch das Internet hervorragend, um sich schlauzumachen.
- Als Gast in einem fremden Land sollten Sie nicht wie ein König auftreten, sondern Bescheidenheit an den Tag legen.
- Machen Sie sich insbesondere mit den religiösen Sitten vertraut. In manchen Ländern beispielsweise dürfen Frauen ein Sakralgebäude nur mit Kopfbedeckung, schulterbedeckendem Oberteil und mindestens knielangem Rock betreten.
- Nicht immer wird Trinkgeld erwartet, in manchen Ländern betrachtet man diese Geste sogar als Beleidigung. Auch für die Höhe des Trinkgeldes gibt es kein Einheitsmaß.
- In vielen Ländern ist der Austausch von Zärtlichkeiten in der Öffentlichkeit verpönt.
- Eignen Sie sich ein paar Wörter oder Sätze in der Landessprache an, damit bekunden Sie Respekt gegenüber den Einheimischen.
- Auch wenn Sie in einem heißen Land Urlaub machen, sollten Sie auf Ihren Kleidungsstil achten und beispielsweise in der Öffentlichkeit nicht in Badekleidung oder allzu freizügig herumspazieren.
- Oben ohne und FKK werden in vielen Ländern nicht gern gesehen oder sind ausdrücklich verboten.
- Halten Sie sich mit Alkoholkonsum zurück.
- Stellen Sie Reichtum nicht öffentlich zur Schau und prahlen Sie nicht damit – das hat schon so manchem Urlauber in einer dunklen Seitengasse die goldene Armbanduhr gekostet.

Kommunikation

Wir kommunizieren ständig, wenn auch nicht immer verbal. Mimik, Gestik und Körperhaltung sind ebenso Teil der Kommunikation wie das Gespräch und der Schriftverkehr. Und für all diese Bereiche gibt es Regeln, die zum guten Ton gehören und dazu beitragen, Missverständnisse zu vermeiden.

Brief

Auch wenn die E-Mail den Empfänger schneller erreicht, der Brief spielt im Privat- wie im Geschäftsleben noch immer eine wichtige Rolle. Freunde freuen sich über einen handschriftlichen Brief und Geschäftspartner wissen ein perfekt gestaltetes Schreiben zu schätzen.

Der Umschlag

Bei der Anschrift gibt es mehrere Möglichkeiten, je nachdem, ob jemand privat oder beruflich angeschrieben wird oder ob man sich an mehrere Adressaten gleichzeitig wendet. Wenn Sie kein Fensterkuvert verwenden, steht die Anschrift des Empfängers unten rechts, jene des Absenders oben links oder auf der Umschlagrückseite.

- Die Anrede lautet: »Herrn/Frau«. Schicken Sie den Brief an eine Firma, steht der Firmenname über dem Personennamen, wenn die Mitteilung nicht vertraulich oder persönlich ist. »An« und »z. Hd.« sind überflüssig.
- Listen Sie sämtliche Titel des Adressaten auf.
- Berücksichtigen Sie Vor- und Zunamen. Bei Paaren mit gleichem Nachnamen muss dieser nicht zweimal genannt werden. Man kann also »Frau Birgit und Herrn Ralf Müller« schreiben. Anreden wie »Eheleute«, »Schüler«, »Fräulein«, »Gatte« oder »Gattin« sind veraltet.
- Der Straßenname wird nicht mit »…str.« abgekürzt.
- Zwischen Straße und Ortsangabe steht keine Leerzeile.
- Briefe ins Ausland versehen Sie nicht mit dem Länderkennzeichen. Der Bestimmungsort wird in Großbuchstaben und, wenn möglich, in der jeweiligen Landessprache geschrieben. Darunter wird in Deutsch, Franzö-

sisch oder Englisch und ebenfalls in Großbuchstaben der Name des Landes notiert.

Der Inhalt

Inhaltlich gibt es ebenfalls einige Angaben, die nicht fehlen dürfen:

- die Anschrift des Empfängers
- Ort und Datum
- der Betreff. Die Betreffzeile steht über der Anrede und wird nicht mit »Betreff:« charakterisiert. Ein Schlusspunkt wird ebenfalls nicht gesetzt.
- die Anrede. Kennen Sie den Adressaten persönlich, verwenden Sie die Anrede »Liebe(r)«, haben Sie es mit einer fremden Person zu tun, wählen Sie die Anrede »Sehr geehrte(r) Frau/Herr«. »Werte(r)« ist veraltet und »Sehr verehrte(r)« sollten Sie nur verwenden, wenn Sie den Empfänger persönlich kennen und sich ihm gegenüber besonders ehrerbietig zeigen möchten. Trägt der Adressat mehrere Titel, nennen Sie nur den höchsten.
- eine Grußformel

Fax

Ein Fax kann einen Brief inhaltlich nicht ersetzen. Ein Nachteil ist außerdem, dass man den Empfänger nicht immer direkt erreicht oder dass das Fax in den Händen der falschen Person landet. Für Trauerpost ist es ebenso tabu wie – abgesehen vom engsten Freundeskreis – für das Übermitteln von Glückwünschen.

Im Zeitalter des E-Mail-Verkehrs ist das Fax beinahe schon ein Relikt. Wenn Sie dennoch eines verfassen möchten, sollten Sie

- es nicht von Hand schreiben, insbesondere auf geschäftlicher Ebene, denn gedruckte Texte sind besser lesbar.
- die Schriftgröße nicht zu klein wählen.
- auf farbige Details verzichten, die sind nicht nur nicht zu erkennen, sondern auch kaum, im schlechtesten Fall überhaupt nicht zu entziffern.

Für die Faxantwort gilt im Prinzip dasselbe wie für das Beantworten von E-Mails: Kontrollieren Sie regelmäßig den Eingang, damit Sie möglichst schnell reagieren können, am besten noch am selben Tag.

E-Mail

Die elektronische Post erfreut sich größter Beliebtheit, denn sie bietet viele Vorteile. Beispielsweise erreicht man den Adressaten schneller als mit einem Brief und man kann mehrere Empfänger gleichzeitig berücksichtigen. Oft mangelt es im Mailverkehr jedoch an der nötigen Sorgfalt, der Ton ist nicht immer angemessen oder es fehlen Anrede und Gruß.

- Verfassen Sie eine E-Mail nicht in Großbuchstaben, denn im Internet steht Großschrift für Schreien.
- Achten Sie auf die Anrede, auch im elektronischen Briefverkehr möchte der Adressat korrekt angesprochen werden.
- Kontrollieren Sie Ihren E-Mail-Eingang regelmäßig. Unbeantwortete Mails sind genauso unhöflich wie unbeantwortete Briefe.
- Wenn es schnell gehen muss, schleichen sich gern Fehler ein oder der Empfänger fühlt sich durch einen Wortlaut brüskiert. Wählen Sie Ihre Formulierungen mit Bedacht und lesen Sie das Geschriebene nochmals konzentriert, bevor Sie eine E-Mail versenden.
- Nicht jedem ist die im Internet gängige Zeichensprache in Form von Emoticons geläufig. Insbesondere bei geschäftlicher Korrespondenz sollten Sie auf Smileys und Co verzichten.
- Denken Sie daran, dass E-Mails lange Zeit gespeichert werden können und passen Sie Ihren Schreibstil entsprechend an.
- Versenden Sie E-Mails nicht wahllos. Unverlangte E-Post ist lästig.

Grußformeln im Schriftverkehr

Manche Schlussformeln im Schriftverkehr wie beispielsweise »Mit freundlichen Grüßen« oder »Hochachtungsvoll« gelten als konservativ. Wenn Sie oder Ihre Firma sich nicht zu dieser Kategorie zählen, sollten Sie moderne Grußformeln wählen, beispielsweise:

- Für heute grüßt Sie freundlich …
- Mit sommerlichen (herbstlichen, vorweihnachtlichen …) Grüßen aus …
- Herzliche Grüße nach …

   Abkürzungen wie »MfG« (»Mit freundlichen Grüßen«) oder »LG« (»Liebe Grüße«) sind tabu. Nehmen Sie sich die Zeit, die Grußformel auszuschreiben.

Telefon

Ein jeder besitzt es, ein jeder benutzt es: Das Telefon, ob Festnetz oder Handy, ist ein weitverbreitetes Mittel der Kommunikation. Doch nicht immer sind die Benutzer mit den Höflichkeitsregeln beim Telefonieren vertraut.

»Hallo«

Die Unsitte, sich nur mit einem »Hallo« oder »Ja« zu melden, scheint insbesondere bei Gesprächen mit dem Handy zum guten Ton zu gehören. Doch der Schein trügt, denn es ist äußerst unhöflich, sich nicht mit Namen zu melden, das gilt im Privaten ebenso wie im Geschäftsleben. Zeigen Sie dem Anrufer, dass Ihnen etwas an ihm liegt. Melden Sie sich mit Ihrem Namen und wünschen Sie einen guten Morgen/Tag/Abend. Noch höflicher ist es, sich mit Vor- und Zunamen zu melden, dann besteht für den Anrufer kein Zweifel, dass er die richtige Person am Telefon hat, das erspart unangenehmes Nachfragen.

Umgekehrt gilt natürlich auch für den Anrufer, dass er sich namentlich und mit einem Gruß zu erkennen gibt. Eine höfliche Anfrage, ob das Telefonat gelegen kommt, oder eine Entschuldigung, wenn man sich verwählt hat, sollte ebenfalls nicht fehlen.

Während des Telefonats

Sprechen Sie Ihr Gegenüber persönlich an und geizen Sie nicht mit »bitte« und »danke«. Denken Sie daran, dass die Stimme ein sehr sensibles Instrument ist, das Ihrem Gesprächspartner schnell verrät, in welcher Stimmung sie sind: genervt, gelangweilt, traurig oder fröhlich.

»Auf Wiederhören«

Bedanken Sie sich kurz für das Gespräch, bevor Sie sich freundlich verabschieden. Unter keinen Umständen legen Sie den Hörer einfach auf, selbst dann nicht, wenn es zu einer Auseinandersetzung am Telefon gekommen ist. Bleiben Sie höflich, aber bestimmt. Im Gegensatz zum aufgeknallten Hörer zeugt ein »Ich werde dieses Gespräch jetzt beenden« von Contenance.

Stromausfall und andere Störungen

Wird ein Gespräch ungewollt unterbrochen, etwa durch einen Stromausfall oder weil es gerade an der Tür klingelt, entschuldigen Sie die kurze Unterbrechung. Falls es länger dauert, vereinbaren Sie einen Rückruf. Generell gilt: Wird das Gespräch unterbrochen, ruft der Anrufer zurück.

»Hier spricht der Automat«

Mit diesen Worten, mit denen sich Emil Steinberger in seinem Sketch »Polizeihauptwache« auch einmal einen Gag erlaubt, sollten Sie Ihren Anrufbeantworter nicht besprechen.

- Nennen Sie Ihren Namen und weisen Sie darauf hin, dass Sie im Moment nicht zu Hause sind, sich jedoch über eine Nachricht freuen.
- Vermeiden Sie die direkte Anrede, denn enge Freunde werden es komisch finden, mit »Sie« angesprochen zu werden, während Ihr Chef sich vermutlich doch ein wenig über das Du wundert.
- Sie müssen nicht auf das Sprechen nach dem Piepton hinweisen.

Wenn Sie den Anrufbeantworter »erwischen«, legen Sie nicht einfach auf, sondern nennen zumindest Ihren Namen. Möchten Sie zurückgerufen werden, fügen Sie Datum und Uhrzeit Ihres Anrufs hinzu und natürlich Ihre Telefonnummer.

Telefonzeiten

Allgemeingültige Zeiten, zu denen man andere nicht mit einem Anruf belästigen sollte, gibt es nicht. Wenn beispielsweise Ihre Freundin ein 4-jähriges Kind hat, werden Sie nicht zwischen 18.30 und 19.30 Uhr anrufen und das Zubettgeh-Ritual stören. Wenn Ihre Freundin jedoch Single ist, könnte das die passende Zeit sein, um sich für die Bar zu verabreden. Bevor Sie also zum Telefonhörer greifen, sollten Sie überlegen, wen Sie anrufen und ob der Zeitpunkt vielleicht ungünstig gewählt ist. Abgesehen von Notfällen oder wenn etwas anderes vereinbart ist, gilt als Richtschnur:

- Rufen Sie wochentags nicht vor 9 Uhr und nach 20 Uhr an. Am Wochenende und feiertags nicht vor 11 Uhr und nach 20 Uhr nur, wenn Sie sicher sind, dass Sie damit niemanden stören.
- Rufen Sie nicht in der Mittagszeit (12 bis 14 Uhr) an.

Nicht immer trendy – das Handy

Das Handy ist aus dem Alltag nicht mehr wegzudenken. Auf der Straße, im Café, im Supermarkt, im Freibad, in Bus und Bahn, nirgends ist man vor den Klingeltönen sicher. Doch auch wenn sich das Handy etabliert hat, nicht in allen Situationen ist es gesellschaftsfähig und nicht jeder Klingelton hat die Lacher auf seiner Seite.

- *Insbesondere im Geschäftsleben sollten Sie bedenken, dass der Klingelton einer Visitenkarte gleichkommt. Ein neutrales »ring, ring« macht sich da allemal besser, als der »Anton aus Tirol« oder der AC/DC-Klassiker »Highway to Hell«.*
- *Handyverbot herrscht beim Fahren (sofern Ihr Fahrzeug nicht über eine Freisprechanlage verfügt), im Krankenhaus, an Tankstellen und (meistens) im Flugzeug.*
- *Gut überlegen sollten Sie sich das Einschalten des Handys im Restaurant, beim (ersten) Date und im Meeting.*
- *Bei öffentlichen Veranstaltungen wie Kino, Konzert oder Oper bleibt das Handy ebenso ausgeschaltet wie in Sakralgebäuden, bei Beerdigungen und im Bewerbungsgespräch.*

Sprechen ohne Sprache

Unser Körper sendet ständig Signale an die Umwelt, unterstreicht unsere Worte oder straft sie Lügen. Aus diesem Grund ist es wichtig, dass Sie die Körpersprache beherrschen und zu deuten wissen. Kommunikation verlangt wie andere Benimmregeln auch Respekt, Feingefühl und Toleranz. Deshalb sollten Sie darauf achten, niemanden zu beleidigen, bloßzustellen oder destruktiv zu kritisieren – weder mit Worten noch mit Gestik, Mimik oder ablehnender Körperhaltung. Eine unwirsche Handbewegung, bewusstes Wegsehen, das Verschränken der Arme, der ausgestreckte Zeigefinger oder die provokative Gönnermiene gehören zu den Signalen der Körpersprache, die Sie vermeiden sollten. Ein freundliches Lächeln, zwangloser Blickkontakt, eine liebevolle Umarmung hingegen öffnen die Herzen der Menschen.

Was Hänschen nicht lernt …

… lernt Hans nimmermehr – oder zumindest nur sehr schwer. Deshalb ist es wichtig, Kinder mit den gängigen Umgangsformen vertraut zu machen. Hierzu gehören vermeintliche Kleinigkeiten wie das Grüßen oder das Bitte- und Dankesagen ebenso wie die guten Manieren bei Tisch.

Schnellkurs Kinderknigge

Das Thema Kinder und Knigge ausführlich zu behandeln, würde den Rahmen dieses Buches sprengen, deshalb finden Sie hier nur das Grundlegendste zu diesem Thema.

Wie bringe ich meinem Kind gutes Benehmen bei?

- Indem Sie Ihrem Kind ein Vorbild sind, denn Kinder lernen insbesondere durch Beobachten und Nachahmen. Sie müssen Werte und gutes Benehmen vorleben, damit Ihr Kind das übernehmen kann. Schimpfen Sie beispielsweise zu Hause über eine Freundin und betiteln sie als »blöde Kuh«, wird Ihr Kind nicht verstehen, weshalb es diese Bezeichnung nicht auch benutzen sollte. Wenn Sie dagegen in Gegenwart Ihres Kindes respektvoll über andere Menschen sprechen, wird es ebenfalls Achtung vor anderen entwickeln.

  Vorbild sein heißt auch, auf die kleinen Dinge der Etikette zu achten, beispielsweise das richtige Grüßen, das Bitte- und Dankesagen oder dem anderen eine Freude machen.
- Indem Sie Ihrem Kind erklären, weshalb es etwas tun oder lassen sollte, dann fällt es ihm leichter, Regeln zu akzeptieren, die für ein angenehmes Miteinander unerlässlich sind.
- Indem Sie Grenzen setzen und Ihrem Kind aufzeigen, wann es eine Grenze überschritten hat. Ohne Grenzen wissen Kinder nicht, woran sie sich orientieren sollen und werden unsicher, was sich in ungebührlichem Verhalten wie dem Sich-zu-Boden-Werfen im Supermarkt ausdrückt.

  Grenzen müssen mit Ihrem Kind wachsen und weiter werden, bis es alt genug ist, selbst Verantwortung zu übernehmen.

- Indem Sie Ihrem Kind klar machen, dass Dinge einen Wert haben. Lernt Ihr Spross, auch einmal zu warten oder auf etwas zu verzichten, wird er später nicht schmerzlich erfahren müssen, dass man im Leben nicht alles haben kann. Deshalb ist es auch kein Zeichen für mangelnde Liebe, Ihrem Kind gelegentlich etwas abzuschlagen.

  Wenig erreichen werden Sie hingegen, wenn Sie
- Ihr Kind ständig maßregeln, vor allem in der Öffentlichkeit.
- Ihrem Kind kein Vertrauen entgegenbringen.
- zu (durchschaubaren) Notlügen greifen.
- die Ausnahme zur Regel machen, also durch inkonsequentes Verhalten unglaubwürdig werden.

Wie bringe ich meinem Kind Tischsitten bei?

Wenn das Essen zu Hause in Töpfen auf den Tisch kommt und nur Teller und Löffel eingedeckt werden, kann Ihr Kind nicht lernen, was gute Tischsitten sind und wie man mit Messer und Gabel umgeht. Das heißt nicht, dass Sie jeden Tag eine festliche Tafel vorbereiten müssen, aber Sie sollten zumindest darauf achten, das vollständiges Besteck, Servietten, Gläser und Servierschüsseln anstelle von Töpfen auf dem Tisch stehen.

Für den festlich gedeckten Tisch und das stilvolle Essen sollten Sie sich zumindest gelegentlich am Wochenende Zeit nehmen. Das ist den Tischmanieren der Kinder zuträglich und bereichert das Familienleben.

Welche Tischsitten sollte ein Kind beherrschen?
- Vor dem Essen wäscht man sich die Hände.
- Mit dem Essen beginnt man erst, wenn alle am Tisch sitzen.
- Schlürfen und Rülpsen sind unappetitlich.
- Die Finger haben im Essen nichts zu suchen.
- Mit dem eigenen Besteck greift man nicht in Servierschüsseln oder fremde Teller.
- Mit vollem Mund spricht man nicht, mit offenem Mund kaut man nicht.
- Zum Abwischen nimmt man die Serviette, nicht den Pulloverärmel oder die Hose.
- Vom Tisch steht man erst auf, wenn alle mit dem Essen fertig sind.

Kleines Einmaleins der Höflichkeit

Es gibt Höflichkeitsregeln, die man beherrschen sollte, ohne groß darüber nachdenken zu müssen. So sollte es beispielsweise selbstverständlich sein, dass man »bitte« und »danke« sagt. Wie aber sieht es in anderen Fällen mit dem guten Benehmen aus: Wann zieht man seine Handschuhe aus? Sagt man »Gesundheit«, wenn jemand niest? Darf man einem Mann Blumen schenken? Auf solche und ähnliche Fragen finden Sie in diesem Kapitel Antwort.

Handschuhe

Als Mann ziehen Sie vor dem Handschlag mit einer Frau oder einem älteren Herren Ihren rechten Handschuh aus. Als Frau dürfen Sie die Handschuhe anbehalten, es sei denn, eine ältere Dame reicht Ihnen zur Begrüßung die Hand. Gehören Ihre Handschuhe zur Garderobe, beispielsweise Abendhandschuhe, die Sie bei einem Ball tragen, legen Sie sie nicht ab.

Hut

Wann ziehe ich als Mann den Hut?
Der Hut wird immer zur Begrüßung abgenommen. Dabei ist darauf zu achten, dass er mit der linken Hand so gelüftet wird, dass er das Gesicht des Grüßenden nicht verdeckt und die offene Seite zum eigenen Körper zeigt. Weitere Situationen, in denen Sie den Hut abnehmen, sind: Besuch von Kirchen, Verkaufs-, Beratungs- und Amtsräumen sowie Restaurants und Cafés.

Wann nehme ich als Frau den Hut ab?
In den meisten Situationen dürfen Sie den Hut aufbehalten, denn er fällt in die Kategorie Kopfschmuck. Das gilt beispielsweise in der Kirche, bei einer Hochzeit, bei einem Empfang in geschlossenen Räumen oder wenn Sie in einem Restaurant oder Café nur eine Kleinigkeit verzehren. Bei öffentlichen Veranstaltungen wie Theater, Konzert oder Kino sollten Sie den Hut absetzen, wenn er anderen die Sicht nimmt.

Sonnenbrille

Bei Erstkontakten und bei der Begrüßung wird die Sonnenbrille immer abgenommen. Damit vermitteln Sie Ihrem Gegenüber, dass Sie nichts zu verbergen haben. Sie sollten die Sonnenbrille außerdem abnehmen, wenn Sie sich mit jemandem unterhalten, außer die Sonne blendet stark. In diesem Fall fragen Sie Ihren Gesprächspartner, ob es ihn stört, wenn Sie die Brille (zumindest zeitweise) aufbehalten oder Sie setzen sich an einen schattigen Platz. Wenn Sie sich in einem Gebäude aufhalten, nehmen Sie die Sonnenbrille ebenfalls ab. Verzichten Sie darauf, die Brille wie einen Haarreif zu tragen.

Ganz Kavalier

Kavaliersgesten sind ein etwas heikles Thema. Manche Frauen lehnen sie ab, andere wiederum freuen sich darüber. Als Mann müssen Sie Fingerspitzengefühl zeigen, ein guter Beobachter sein oder höflich fragen (beispielsweise »Darf ich Ihnen den Mantel abnehmen?«), um festzustellen, zu welcher »Kategorie« Ihre Begleiterin gehört.

Kavaliersgesten, die auch heute noch zeitgemäß sind:

- Der Mann hält der Frau die Tür auf. Das gilt auch für die Autotür.
- Der Mann hilft der Frau aus dem und in den Mantel. Dabei sollte er beachten, dass er beim Betreten eines Raums zuerst der Dame den Mantel abnimmt, bevor er selbst ablegt. Beim Verlassen eines Raums zieht er jedoch den Mantel an, bevor er der Dame hineinhilft. Schließlich soll es ihr nicht zu warm werden.
- Der Mann geht beim Treppensteigen hinter der Frau, beim Hinuntergehen dagegen vor der Frau. In beiden Fällen schützt er sie damit.
- Der Mann steht zur Begrüßung auf und setzt sich nicht, so lange eine Frau steht.
- Nach einer Verabredung begleitet der Mann die Frau zur Haustür.
- Der Mann lässt der Frau stets den Vortritt, außer sie betreten ein Kino, Theater oder Restaurant.
- Der Mann nimmt der Frau schwere Lasten ab.
- Der Mann gibt der Frau Feuer.
- Fällt der Frau etwas auf den Boden, hebt der Mann es auf.

»Gesundheit« und »Guten Appetit«

Es stimmt tatsächlich, man sagt nicht Gesundheit, wenn jemand niest. Damit lenkt man die Aufmerksamkeit auf das Niesen, was dem Verursacher peinlich sein könnte. Viele Menschen sind jedoch so erzogen worden, dass sie Gesundheit wünschen, wenn jemand niest. Wenn Sie jemanden sehr gut kennen und wissen, dass Ihr Gegenüber diese Aufmerksamkeit erwartet, sollten Sie sie ihm auch zuteil werden lassen.

Mit dem Guten-Appetit-Wünschen verhält es sich wie mit dem Gesundheit beim Niesen. Man sagt es grundsätzlich nicht. Doch auch in diesem Fall gibt es eine Ausnahme: Im engsten Familienkreis ist es erlaubt.

Sind Sie Gastgeber und einer Ihrer Gäste wünscht einen guten Appetit, weisen Sie ihn nicht zurecht, sondern antworten Sie höflich mit »Danke, ebenso«.

Pünktlichkeit ist eine Zier

und nicht nur das. Pünktlichkeit drückt Wertschätzung gegenüber dem Anderen aus, denn man vermittelt ihm damit das Gefühl, dass er einem wichtig ist. Unpünktlich ist man allerdings nicht nur, wenn man zu spät kommt, sondern auch, wenn man zu früh eintrifft. Damit bringt man vielleicht die Gastgeberin in Verlegenheit, die noch mit ihrer Frisur beschäftigt ist, oder den Gastgeber, der im Restaurant letzte Details mit dem Servicepersonal bespricht. Meist verrät bereits der Anlass, ob Sie auf die Minute pünktlich sein sollten oder ob die akademische Viertelstunde Verspätung in Ordnung ist. So werden Sie zu einer Theater-, Opern- oder Kinoaufführung nicht mit Verspätung eintreffen, während Sie zu einer Feier, bei der 100 Gäste und mehr erwartet werden, durchaus etwas später kommen dürfen.

Konkrete Zeitangaben erleichtern Gast und Gastgeber das Leben. Lesen Sie in einer Einladung beispielsweise »von 18 bis 21 Uhr«, bedeutet das, vom Gast wird innerhalb dieses Zeitrahmens eine Anwesenheit von etwa einer Stunde erwartet. Ist für eine bestimmte Uhrzeit zusätzlich ein bestimmter Programmpunkt, beispielsweise eine Rede, angesetzt, wird erwartet, dass die Gäste vorher oder nachher erscheinen, auf keinen Fall sollten sie in den Vortrag hineinplatzen. Steht in der Einladung »ab

17 Uhr« werden die Gäste nicht vor der angegebenen Zeit erwartet, dürfen auch später kommen, sollten mindestens 30 Minuten bleiben und das Ende der Veranstaltung ist offen. Finden Sie hingegen den Vermerk »um 19.30 Uhr«, sollten Sie auf die Minute pünktlich eintreffen.

Als besonders unhöflich wird Unpünktlichkeit angesehen

- wenn man zum Essen im Restaurant verabredet ist.
- wenn ein Geschäftstermin vereinbart ist.
- wenn man zu einem Bewerbungsgespräch eingeladen ist.
- wenn es sich um eine Veranstaltung handelt, die zu einer bestimmten Zeit beginnt, beispielsweise ein Konzert.

Natürlich gibt es Situationen, die dazu führen können, dass Sie sich verspäten, beispielsweise wenn Sie im Stau stecken bleiben. Um auf solche Fälle vorbereitet zu sein, sollten Sie stets die Telefonnummer des Gastgebers griffbereit haben.

Alle reden vom Wetter – Small Talk

Im beruflichen wie im privaten Alltag lassen sich Situationen nicht vermeiden, in denen man Zeit mit Personen verbringt, die man nicht oder kaum kennt. Dann stellt sich die Frage: Worüber spricht man? – Genau, man betreibt Small Talk. Doch gerade in diesem Bereich lauern viele Fettnäpfchen, denn nicht jedes Thema ist für die beiläufige Konversation geeignet.

Grundsätzlich gilt:

- Je weniger man sich kennt, umso unverfänglichere Themen sollte man wählen.
- Man fragt den Gesprächspartner nicht aus und belehrt ihn nicht.
- Prahlerei und übertriebene Selbstdarstellung kommen nicht gut an.
- Kritik an nicht anwesenden Personen ist absolut tabu.

Themen, die sich für den Small Talk eignen, sind:

- Wetter
- aktuelle positive Ereignisse in den Medien
- Literatur
- Musik
- Kunst

- Sport
- Reisen
- Hobbys
  Ungeeignet sind dagegen die Themen:
- Politik
- Religion
- Krankheiten
- Finanzen
- Sexualität
- Privates – außer Ihr Gegenüber kommt auf dieses Thema zu sprechen. Dann sollten Sie Taktgefühl zeigen und Vertrauliches auch diskret behandeln.

Wie kann ich auf einem Fest einen unliebsamen Small Talk höflich beenden?
Auch wenn es Ihnen schwerfällt: Sie sollten den Small Talk nicht schon nach wenigen Sekunden beenden, sondern sich wenigstens 3 Minuten unterhalten. Entschuldigen Sie sich damit, dass Sie gern noch mit anderen Gästen sprechen würden. Nennen Sie dabei (möglichst) einen konkreten Namen.

Wenn Sie Gastgeber sind, kennen Sie die Gäste und können Ihr Gegenüber mit einem anderen Gesprächspartner bekannt machen. Am besten mit jemandem, von dem Sie sich vorstellen können, dass er mit Ihrem bisherigen Gesprächspartner harmoniert, beispielsweise weil beide ein gemeinsames Hobby haben.

»Kennst du den ...?«

»Wer immer nach Witz hascht, wem man es ansieht, dass er darauf studiert hat, die Gesellschaft zu unterhalten, der gefällt nur auf kurze Zeit und wird bei wenigen Interesse erwecken ...«, schrieb Adolph Freiherr von Knigge und trifft damit den Nagel auf den Kopf. Niemand erwartet von Ihnen, dass Sie bei jeder Zusammenkunft den Alleinunterhalter spielen. Im Gegenteil: Nur allzu schnell können Sie dadurch zum Klassenclown abgestempelt werden. Witz und Humor verlangen den passenden Rahmen, den richtigen Zeitpunkt – nicht nur für Sie, sondern auch für die übrigen Anwesenden – und eine angemessene Dosierung.

Beim Erzählen von Witzen sollten Sie einige Aspekte berücksichtigen, um keinen Fauxpas zu begehen:

- Anzügliche Witze sind ebenso tabu wie diskriminierende, die beispielsweise rassistisch sind oder Minderheiten betreffen.
- Verzichten Sie auf umständliche Ausschmückungen, kommen Sie rasch auf den Punkt und erzählen Sie mit Tempo.
- Im Vordergrund steht der Witz, nicht der Erzähler.
- Erzählen Sie nur Witze, von denen Sie überzeugt sind. Ein schlechter Witz kommt niemals an, auch wenn er gut erzählt wird.

Noch heikler wird es, wenn es um Humor geht. Einerseits kann er verbinden, eine Konfliktsituation entschärfen oder einfach nur die Laune heben, andererseits definiert nicht jeder Humor gleich und was für den einen lustig ist, findet der andere nicht zum Lachen. Das trifft im Besonderen zu, wenn man versucht, ironisch zu sein. Ironie verlangt ein hohes Maß an Sensibilität, will man den richtigen Ton treffen und niemanden verspotten oder beleidigen. Ganz wichtig: Über abwesende Dritte werden keine Scherze gemacht.

Vom Sie zum Du

In vielen Ländern wird nicht zwischen Sie und Du unterschieden. Mit dem englischen »you« beispielsweise werden sowohl Fremde als auch Bekannte angesprochen. In Deutschland ist diese Unterscheidung jedoch gebräuchlich, wenn man mit Menschen zu tun hat, die nicht zur Familie oder zum Freundeskreis gehören. Das Sie dient dazu, keine allzu große Vertrautheit aufkommen zu lassen und schafft höfliche Distanz. Insbesondere im Geschäftsleben warten in diesem Bereich einige Stolpersteine darauf, Sie ins Straucheln zu bringen. Unhöflich ist es beispielsweise, wenn der Chef von sich aus den Untergebenen duzt, nur um zu zeigen, dass er das Sagen hat, oder wenn der Auszubildende geduzt wird, weil er sehr jung ist und noch nicht ausgelernt hat. Oberstes Gebot ist deshalb: Das Du kommt erst zum Einsatz, wenn man nach einer höflichen Anfrage die Erlaubnis dazu erhält.

Wer bietet wem das Du an?
Grundsätzlich bietet der Ranghöhere dem Rangniederen das Du an und der (wesentlich) Ältere dem Jüngeren, wobei im Geschäftsleben auch in diesem Fall die Hierarchie vorgeht. Bei gleichrangigen Personen, die in etwa gleich alt sind, spielt es keine Rolle, wer wem das Du anbietet – im 21. Jahrhundert darf auch die Frau dem Mann das Du anbieten.

Wann duzen sich Fremde?
Es gibt einige Lebensbereiche, in denen man sich von Anfang an duzt. Das trifft beispielsweise unter Studenten zu, unter Bauarbeitern, oftmals auch in kreativen Branchen und weitgehend bei Menschen, die gemeinsam Sport treiben.

Darf man ein Duzangebot ablehnen?
Wenn Sie von jemandem das Du angeboten bekommen, den Sie nicht duzen möchten, dürfen Sie auch ablehnen. Damit Sie Ihr Gegenüber jedoch nicht brüskieren, sollten Sie Ihre Ablehnung begründen. Betonen Sie, dass Sie sich über das Angebot freuen und nennen Sie anschließend den Grund, weshalb Sie es nicht annehmen möchten. Vor allem im Geschäftsleben müssen Sie Gespür zeigen, wenn Sie das Du zurückweisen.

Als Begründung können Sie anführen, dass Sie

- andere Kollegen, die Sie nicht duzen, nicht vor den Kopf stoßen möchten: »Vielen Dank für Ihr Angebot, ich freue mich sehr darüber. Ich würde jedoch lieber beim Sie bleiben, damit sich die anderen Kollegen nicht übergangen fühlen.«
- in der Firma grundsätzlich lieber beim Sie bleiben: »Ich freue mich sehr über Ihr Angebot, vielen Dank dafür. Ich möchte im Berufsleben jedoch lieber beim Sie bleiben. Bitte haben Sie dafür Verständnis.«

Wenn es in einer Abteilung/Firma üblich ist, sich zu duzen, sollten Sie bedenken, dass eine Ablehnung als sehr distanziert oder gar hochnäsig empfunden werden könnte. Überlegen Sie deshalb, bevor Sie ablehnen, ob Ihnen das den Arbeitsalltag erschweren könnte.

Im Privatleben können Sie die Ablehnung damit begründen, dass sie sich noch nicht gut genug kennen, um zum Du überzugehen.

Sollten Sie am Arbeitsplatz jemandem das Du anbieten, können Sie Ihrem Kollegen signalisieren, dass Sie Verständnis dafür haben, wenn er das Angebot ablehnt, indem Sie eine entsprechende Formulierung wählen: »Wir arbeiten jetzt schon so lange hervorragend zusammen, wollen wir nicht zum Du übergehen? Ich würde mich sehr darüber freuen. Wenn Sie jedoch lieber beim Sie bleiben, ist das für mich auch in Ordnung.«

Das feucht-fröhliche Du

Bietet Ihnen jemand in Trinklaune das Du an, sollten Sie sich am nächsten Tag mit dieser Anrede zurückhalten. Im Beruflichen gilt das vor allem, wenn es sich um Ihren Chef handelt. Erst wenn das Angebot anderntags bekräftigt wird, können Sie sicher sein, dass es tatsächlich so gemeint ist und zum vertraulichen Du übergehen.

Sie-Du-Mix im Geschäftsleben

Im beruflichen Umfeld gibt es Situationen, in denen man es für angebracht halten könnte, jemanden zu siezen, den man normalerweise duzt. Das kann beispielsweise ein Meeting mit (einem) neuen Kunden sein. In diesem Fall sollten Sie beim Du bleiben, wenn Sie den Kollegen ansprechen. Sprechen Sie jedoch über ihn, wechseln Sie in die dritte Person. Zum Kunden sagen Sie beispielsweise: »Herr Huber wird das Angebot für Sie erstellen und es Ihnen per E-Mail zukommen lassen. Sollten Sie Fragen dazu haben, können Sie sich direkt an ihn wenden.« Und an den Kollegen wenden Sie sich mit: »Michael, erstellst du bitte bis morgen das Angebot für Frau Berger.«

Entscheiden Sie sich in einer solchen Situation für das Siezen, müssen Sie und Ihr(e) Kollege(n) das absolut konsequent durchhalten. Inkonsequenz könnte beim Kunden schnell das Gefühl von Unglaubwürdigkeit hervorrufen.

Handelt es sich um Schriftverkehr, der sowohl Kollegen betrifft, mit denen Sie sich siezen, als auch solche, mit denen Sie per Du sind, dann sollten Sie beim Sie bleiben, den Duzkollegen jedoch in einem Extraschreiben einige persönliche Worte zukommen lassen.

»Gute Nacht Freunde« – Zeit, sich zu verabschieden

Wann man sich verabschiedet, hängt von der Art der Einladung und von der Veranstaltung ab. Grundsätzlich gilt:

- Sind Sie zum Frühstück eingeladen, sollten Sie sich vor dem Mittag verabschieden.
- Haben Sie eine Einladung zum Mittagessen erhalten, ist vor dem Nachmittagskaffee der richtige Zeitpunkt, um aufzubrechen.
- Eine Einladung zum Kaffeekränzchen endet vor dem Abendessen.
- Sind Sie zum Abendessen eingeladen, gilt es als unhöflich, unmittelbar nach dem Dessert oder wesentlich später als eine Stunde nach dem Kaffee/Digestif zu gehen.
- Länger bleiben sollten Sie bei einer »befristeten« Einladung nur, wenn der Gastgeber Sie ausdrücklich darum bittet: »Ich hatte dich/Sie noch zum Mittagessen/Kaffee/Abendessen eingeplant«.
- Verabschieden Sie sich nicht, bevor die Tafel aufgehoben ist.
- Gehen Sie nicht vor dem Ehrengast.
- Wählen Sie einen günstigen Zeitpunkt, wenn Sie als Erster gehen, damit es nicht zu einem unerwünschten Domino-Effekt kommt.
- Gibt der Gastgeber oder die jeweils ranghöchste Person (Ehrengast) das Zeichen zum Aufbruch, sollten Sie sich spätestens nach 10 Minuten verabschieden.

Von wem muss ich mich verabschieden?

Wenn Sie auf einem großen Empfang eingeladen sind, müssen Sie sich nicht von allen Anwesenden verabschieden. Sie sollten jedoch versuchen, den Gastgeber aufzufinden, um ihm Auf Wiedersehen zu sagen, sofern Sie ihn nicht aus einem Gespräch reißen oder in einer anderen Situation stören. Haben Sie keine Möglichkeit, sich vom Gastgeber zu verabschieden oder müssen Sie zum Beispiel früher gehen als der Ehrengast, sollten Sie am nächsten Tag anrufen, sich entschuldigen und für die Einladung danken.

Wenn Sie in kleiner Runde beispielsweise zum Abendessen eingeladen sind, sollten Sie sich zuerst vom Gastgeber verabschieden. Bedanken Sie sich dabei für die Einladung und den schönen Abend. Würde Ihre Verabschiedung jedoch die Veranstaltung stören, verlassen Sie die Gesellschaft unauffällig. Erklären Sie Ihrem Gastgeber dieses Vorgehen am nächsten Tag schriftlich oder telefonisch und bedanken Sie sich dabei auch für die Einladung. Sofern es die Situation erlaubt, Sie also zum Beispiel keine Unterhaltung stören, sagen Sie Ihren Gesprächspartnern ebenfalls Auf Wiedersehen, wobei Sie bei kleinen Gruppen (bis zu 6 Personen) die Hierarchien, Alter und Geschlecht berücksichtigen, ansonsten erfolgt die Verabschiedung reihum. Achten Sie darauf, sich von allen möglichst auf die gleiche Weise zu verabschieden, damit sich niemand zurückgesetzt fühlt.

»Bye, bye«, »Servus« oder doch lieber »Auf Wiedersehen«?
Dem Guten Tag bei der Begrüßung entspricht das Auf Wiedersehen bei der Verabschiedung. Fremdsprachliche (Bye, bye, Ciao) oder regional begrenzte (Servus, Ade) Wendungen sind gewagt und sollten nur zum Einsatz kommen, wenn man sich gut kennt und weiß, dass der Verabschiedete den Gruß versteht und billigt.

Lass Blumen sprechen
Das ist leichter gesagt, als getan, denn die Blumensprache ist eine schwere Sprache. Das liegt daran, dass es keinen einheitlichen Kode gibt, der verrät, welche Bedeutung welche Blumensorte oder Blütenfarbe hat. Dennoch erfreuen sich Blumengeschenke größter Beliebtheit. Was wäre ein Geburtstag ohne Blumenstrauß, wer freut sich nicht über Blumen, mit denen man Gute Besserung wünscht und womit könnte man sich netter entschuldigen als mit ein paar Blumen?

Trotz aller Unwägbarkeiten können Sie das Risiko eines Fauxpas minimieren, indem Sie einige Punkte beachten:

- Weiße Blüten wie Astern, Lilien oder Chrysanthemen sind für viele Menschen Friedhofsblumen.
- Vollkommen weiß gehaltene Sträuße erinnern oftmals an den Tod, weshalb sie für einen Krankenbesuch ungeeignet sind.
- Ein Strauß muss nicht aus einer ungeraden Anzahl bestehen, allerdings sollten Sie nicht 13 Blumen verschenken, denn viele Menschen betrachten die 13 als Unglückszahl.

- Sträuße, die aus mehreren Blumensorten zusammengestellt sind, mindern die Gefahr, den Geschmack des Empfängers vollkommen zu verfehlen, wobei farblich dezente Arrangements empfehlenswerter sind als knallbunte Sträuße.
- Rote Rosen sollten Sie nur verschenken, wenn Sie jemandem eine Liebeserklärung machen möchten.
- In Papier gewickelte Blumen werden ausgepackt und mit den Köpfen nach oben mit der rechten Hand überreicht.
- Werden die Blumen von einem Paar geschenkt, übergibt der Mann den Strauß.
- Topfpflanzen, Trockengestecke und spezielle Kreationen wie Bonsais sollten Sie nur an jemanden verschenken, von dem Sie wissen, dass er solche Objekte mag.
- Ein Blumenstrauß darf heute auch an einen Mann verschenkt werden. Insbesondere passionierte Blumenliebhaber oder Gartenfreunde werden sich darüber freuen.

Wann sollte man keine Blumen schenken?
- Im Geschäftsleben und bei Veranstaltungen, bei denen man einen Smoking trägt.
- Bei Trauerfeierlichkeiten.
- Zu einer Vernissage.
- Bei einer Einladung ins Restaurant. Zum einen, weil die Tischdekoration bereits arrangiert ist, zum andern, weil man den Gastgeber damit in die Verlegenheit bringt, sich um eine Vase kümmern zu müssen und die Blumen unbeschadet nach Hause zu bringen. Es spricht jedoch nichts dagegen dem Gastgeber vor oder nach der Einladung einen Blumengruß und eine Dankeskarte zu schicken.

»Geben Sie mir doch Ihre Karte«

Visitenkarten sind aus dem Geschäftsleben nicht mehr wegzudenken, spielen jedoch auch im Privatleben eine nicht unerhebliche Rolle. Sie tragen nicht nur alle Kontaktdaten einer Person, sondern repräsentieren ihren Besitzer, denn ihre Gestaltung verrät etwas über dessen Stil und

Geschmack oder über das Image eines Unternehmens. Die Visitenkarte ist weit mehr als nur ein Stück Papier und der Umgang mit ihr will gelernt sein.

- Der Rangniedere überreicht dem Ranghöheren als Erster seine Visitenkarte. Der Ranghöhere entscheidet daraufhin, ob er ebenfalls seine Karte überreicht. Niemals sollte man eine höhergestellte Person um die Visitenkarte bitten, umgekehrt ist dies jedoch durchaus möglich.
- Weiß man nicht, wie die hierarchische Gliederung in einer Gruppe aussieht, verteilt man die Karten der Reihe nach.
- Im Geschäftsleben übergibt der Gast seine Karte bei der Begrüßung, spätestens jedoch beim gegenseitigen Vorstellen im Meeting.
- Wenn man Ihnen eine Visitenkarte überreicht, sollten Sie dies ebenfalls tun.
- Sind Sie an Dienstleistungen einer Person oder Firma interessiert, können Sie um die Visitenkarte bitten, ohne Ihre zu überreichen.
- Die Visitenkarte wird so übergeben, dass der Empfänger sie lesen kann, ohne sie drehen zu müssen.
- Man übergibt die Visitenkarte nur in die Hand. Sie wird nicht auf den Tisch gelegt oder gar darüber geschoben.
- In Deutschland überreicht man die Visitenkarte mit einer Hand. In einigen Ländern wie China oder Japan übergibt und empfängt man sie mit beiden Händen.
- Stecken Sie die Karte nicht ungelesen ein. Damit bekunden Sie Desinteresse und übersehen vielleicht wichtige Informationen wie akademische oder Adelstitel.
- Schieben Sie die Visitenkarte nicht einfach in die Hosentasche oder den Geldbeutel, sondern in ein dafür vorgesehenes Fach im Terminkalender oder in ein Visitenkartenetui.
- Achten Sie auf einen tadellosen Zustand Ihrer Visitenkarten. Eselsohren oder Verschmutzungen sind vollkommen indiskutabel. Am besten bewahren Sie Ihre Karten in einem entsprechenden Etui auf.
- Die Visitenkarte muss stets die aktuell gültigen Daten enthalten. Widerstehen Sie der Versuchung, etwa eine geänderte Telefonnummer oder eine neue Position im Unternehmen handschriftlich nachzutragen.

- Auch wenn es verlockend ist, Zusatzinformationen über den Kartengeber auf dessen Visitenkarte zu notieren: Tun Sie es nicht – zumindest nicht vor seinen Augen.
- Wenn Sie oft im Ausland unterwegs sind, sollten Sie Ihre Visitenkarten zweisprachig gestalten: Die Vorderseite in Deutsch, die Rückseite in Englisch oder der jeweiligen Landessprache, wenn Sie vorwiegend mit einem bestimmten Land in Kontakt stehen.

Visitenkartendesign

»Form follows function« ein Gestaltungsleitsatz, der eigentlich aus der Architektur stammt, hat heute auch im Design Gültigkeit, insbesondere wenn es um Visitenkarten geht. Doch nicht nur die Form spielt eine Rolle, sondern auch der Inhalt. Auf einer privaten Visitenkarte sollten Vor- und Familienname, Titel sowie die Adresse vermerkt sein.

Auf einer Geschäftskarte sollten diese Angaben nicht fehlen:

- Vor- und Nachname sowie Titel
- Position in der Firma und die Abteilung
- Firmenanschrift und -logo
- Telefonnummer (Festnetz mit Durchwahl und Handy)
- Faxnummer
- E-Mail- und Internet-Adresse

Eine gelungene Visitenkarte zeichnet außerdem gute Lesbarkeit, Fehlerlosigkeit und das Einhalten der DIN-Norm aus.

Der blaue Dunst

Seit es Nichtraucherschutzgesetze gibt, sind die Möglichkeiten für Raucher in der Öffentlichkeit sehr beschränkt. So darf beispielsweise in öffentlichen Gebäuden und Verkehrsmitteln nicht mehr geraucht werden. Grundsätzlich gilt dies auch in Gaststätten, wobei geschlossenen Gesellschaften in abgetrennten Nebenräumen das Rauchen erlaubt ist.

Im privaten Umfeld wird man je nachdem, wo man eingeladen ist und wer sonst noch auf der Gästeliste steht, auf unterschiedliche Arrangements treffen. Grundsätzlich sollte man sich als Raucher in geschlossenen Räumen aus Rücksicht auf die anderen Gäste zurückhalten.

Als Gastgeber müssen Sie einen Balanceakt schaffen, denn ein absolutes Rauchverbot wäre ebenso intolerant wie die uneingeschränkte Erlaubnis zum Rauchen. Da die meisten Menschen nicht über ein Raucherzimmer verfügen, darf man Balkon oder Terrasse gern als solches anbieten. Wenn diese Möglichkeit nicht besteht, sollte man die Raucher bitten, sich in Verzicht zu üben.

Wann darf ich rauchen, wann ist es unhöflich?
- Fragen Sie, falls der Gastgeber nicht von sich aus darauf hinweist, ob geraucht werden darf.
- Wenn Sie zum Essen eingeladen sind, dürfen Sie beim Aperitif rauchen, falls dieser in einem separaten Raum oder im Freien serviert wird. Allerdings nur, wenn Aschenbecher bereitstehen.
- Während des Menüs ist das Rauchen zwar nicht offiziell verboten, es ist jedoch höchst unschicklich. Der früheste Zeitpunkt für den blauen Dunst ist, nachdem die Teller des Hauptgangs abgeräumt wurden. Noch höflicher ist es allerdings, wenn Sie bis nach dem Dessert auf das Rauchen verzichten.
- Findet die Veranstaltung im kleinen Rahmen statt, fragen Sie die anderen Gäste, ob sie das Rauchen stört. Bei großen Veranstaltungen sollten Sie zumindest Ihre Tischnachbarn danach fragen, und zwar stets bevor Sie Ihre Zigarettenschachtel, Pfeife oder Zigarre auspacken.
- Zigarren und Pfeifen sollten erst nach dem Digestif oder Kaffee angezündet werden, wobei auch in diesem Fall Rücksicht auf die anderen Gäste genommen wird.
- Wenn Kinder und Schwangere anwesend sind, wird selbstverständlich nicht geraucht.
- Machen Sie Ihre Zigarette aus, bevor Sie einen Raum betreten, wenn Sie jemanden begrüßen oder jemandem vorgestellt werden.
- Verzichten Sie darauf, in der Öffentlichkeit im Gehen zu rauchen.
- So wie man mit vollem Mund nicht spricht, ist es auch unhöflich mit der Zigarette, Zigarre oder Pfeife im Mundwinkel zu reden.
- Am Arbeitsplatz sollten Raucher ihrer Leidenschaft nur frönen, wenn die Kollegen uneingeschränkt zustimmen.

Die Autorin

Susanne Rohner ist seit 19 Jahren im Verlagswesen tätig. Sie arbeitet freiberuflich als Übersetzerin, Lektorin, Layouterin und Producerin für Verlage im In- und Ausland und hat bereits mehrere Bücher verfasst, darunter diverse Kochbücher und einen Auslandsknigge.